U0152357

環球人物百科全書

紅馬童書 張文 編著

漫畫名人故事

② 從凱撒到成吉思汗

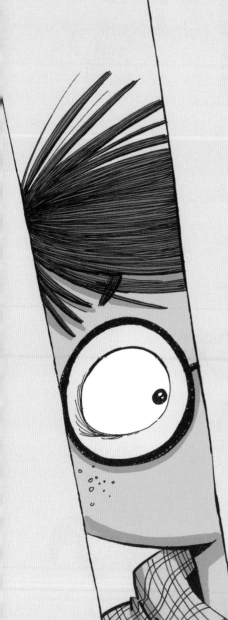

前　言

　　正在看書的你一定碰到過這種情形，一個平時看起來寡言少語，比你高明不了多少的「小人物」，抓住一個上台演講的機會，在講台上變得光芒四射。他滔滔不絕地展開長篇大論，把你講得雲裏霧裏：

　　「你説你知道哥倫布？人人都知道他是美洲大陸的發現者，可你知道他當過海盜，蹲過監獄，而他航海的目的是發大財嗎？」

　　「你知道老子是大名鼎鼎的思想家，那你知道他的職業是甚麼嗎？」

　　你還沒想起哥倫布做過甚麼的時候，他已經開始了下一段：

　　「你知道孔子是很多人的老師，可你知道為甚麼書店的老闆都討厭他嗎？」

　　「你説你知道蘇格拉底是個聰明人，那他為甚麼高高興興地喝下一杯毒酒？」

「有甚麼了不起！」你心裏酸溜溜地想，「只不過多讀了幾本名人傳記而已。」

事實上，這名同學也許不只比你高明一點兒。如果仔細觀察，你會發現他人緣還不錯，處理問題總像大人物一樣睿智⋯⋯

實際上，你也曾閱讀過某本名人傳記，書裏介紹了名人的成長經歷、成功秘訣、主要成就⋯⋯可它實在太枯燥了，所以你把書丟到了一邊。不過，你現在看到的這本書，跟你以往讀過的名人傳記可不太一樣。它不僅介紹了名人們廣為人知的一面，同時也爆料了很多名人的「小秘密」，你甚至可以翻看他們的日記呢！

怎麼樣，聽起來是不是挺有意思？你可以把書中的事例信手拈來向同學們炫耀一番，你就是下一位在講台上「光芒四射」的人，你肯定會令老師驚訝不已，對你另眼相看的。

所以，你應該認識到，名人並非只有高端、大氣、上檔次，他們也有普通人的一面，這正是本書要向你展示的。也許名人身上的那些獨特之處正在你身上逐步呈現出來，說不定你也會成為名人故事裏的主角。

還愣着幹甚麼？趕快翻開這本書，從中汲取智慧和力量，來一個華麗的轉身！

演講人名單

凱撒
羅馬共和國的無冕之王

羅馬共和國末期傑出的軍事統帥和政治家。他為羅馬帝國的建立鋪平了道路,他是羅馬人心中的無冕之王。

2

屋大維
被稱為神的獨裁者

他是凱撒的養子,平息了羅馬共和國的內戰,開創了羅馬二百年的太平盛世,元老院授予他「奧古斯都」的稱號。

16

蔡倫
實用造紙術的發明者

他改進了當時的造紙技術,用樹皮、破布、麻頭、魚網等造紙,降低了造紙的成本,他的發明造福了全世界。

30

張衡
多才多藝的古代科學家

生活在我國東漢時期的多才多藝的科學家,不僅發明渾天儀、製作地動儀,還寫出《二京賦》這樣的文學名篇。

44

曹操
東漢末年的亂世奸雄

他「挾天子以令諸侯」,是手段高明的軍事家、政治家,也是有情懷的文學家和書法家,他是三國曹魏的奠基人。

58

王羲之
書法界的聖人

我國東晉時期的大書法家,有人評論他的字「字勢雄逸,如龍跳天門,虎臥鳳闕」。他的兒子王獻之也是大書法家。

72

祖沖之

計算圓周率的大數學家

月球背面有一座山被命名為「祖沖之環形山」，以此紀念我國南北朝時期的大數學家、天文學家、機械學家祖沖之。

86

李世民

大唐盛世的締造者

他名叫李世民，虛心納諫，厲行節約，讓百姓休養生息，由此締造了中國古代史上最鼎盛的治世——貞觀之治。

100

沈括

古代中國的全能科學家

他是我國北宋的全能理科專家。他有個園子叫「夢溪園」，他自號「夢溪丈人」，他寫了一本書叫《夢溪筆談》。

114

蘇軾

瀟灑豪放的大文學家

我國北宋時期大文豪，他寫的詞風格豪放、汪洋恣肆，藝術造詣極高。他還愛好美食，喜歡旅遊和交朋友。

128

畢昇

活字印刷術的發明者

他發明了世界上最早的活字印刷技術，它是中國古代四大發明之一。但他活着的時候，並沒有獲得發明家的待遇。

142

成吉思汗

大蒙古國的建立者

他的原名叫鐵木真，大家叫他成吉思汗。他率領蒙古鐵騎四處征戰，統一了蒙古各部，成了蒙古高原上的霸主。

156

馬上就要開講啦……

凱撒

羅馬共和國之無冕之王

儘管凱撒的執政時間處在羅馬共和國末期，但仍然有很多人認為他和在這之後的羅馬帝國有很大關係——如果沒有他，很難說屋大維能不能開創那個強大的帝國（下一篇我們將看到凱撒這位繼承人的故事）。

當時的羅馬共和國已經爛透了，凱撒的獨裁統治來得正是時候！

毫無疑問，羅馬帝國的建立有他一部份功勞——我是說，很大一部份。

現在讓我們來跟他認識一下吧——蓋烏斯·尤利烏斯·凱撒（前 102—前 44），傑出的軍事統帥和政治家。雖然他並

沒有當過國王或皇帝，但他的確為羅馬帝國的建立鋪平了道路，所以很多人把他看成羅馬帝國的實際締造者，稱他為「凱撒大帝」。

後世很多君主都喜歡用我的名字作為皇帝的稱號，他們崇拜我。

公元前 510 年，羅馬人趕走了他們殘暴的國王，建立了羅馬共和國。在接下來的幾個世紀裏，羅馬先後打敗了迦太基和馬其頓，控制了整個意大利半島和北非的一部份。接着，它又向東擴張，把自己的統治範圍擴大到西亞，成為一個橫跨亞非歐，稱霸地中海的超級大國。

在這段時間裏，羅馬共和國的大權一直掌握在元老院、執政官和部族會議手裏。其中，元老院由貴族組成，執政官從貴族裏選舉產生，部族會議成員則有貴族也有平民。他們之間並不十分團結，動不動就吵得不可開交。

夥計們，難道不能坐下來談談嗎？今天的天氣很不錯。

滾出去！

啊——呸！

這讓羅馬亂成了一鍋粥——別懷疑，下面的場景在羅馬城裏天天出現。

　　這種混亂越來越嚴重，就在這時，凱撒登場了。

　　凱撒果斷勇敢，並且非常聰明。他跟羅馬共和國的幾股最強勢力爭奪統治權，儘管對手包括大名鼎鼎的龐培，但凱撒還是順利勝出，成了羅馬的最高統治者——他根本不管甚麼元老院和部族會議，完全自己說了算。他在羅馬實行了一些很棒的改革，把混亂的羅馬變成了一個嶄新的國家——這足夠稱得上偉大。

下面就是這位大獨裁者的故事，你會看到：

· 他的文學素養很不錯，如果不當統治者，他可能會成為一個大文豪。

· 他戰績顯赫。

· 他是個有仇必報的傢伙。

· 他最終被刺身亡。

凱撒開講啦

除了貴族身份，還有……努力

開始講我的故事之前，我想先告訴你我出生在怎樣的環境裏。那是羅馬一個非常顯赫的家族。

這位是我的老爸，他當過財政官和大法官，還曾經出任小亞細亞總督。

這位漂亮高貴的女士是我的老媽，她來自羅馬一個非常有權勢的家族。

我親愛的外祖父曾擔任過執政官，並在我需要的時候給了我堅定的支持。

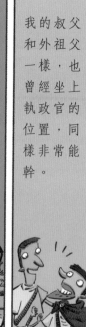

我的叔父和外祖父一樣，也曾經坐上執政官的位置，同樣非常能幹。

我的姑姑嫁給了大名鼎鼎的天才將領馬略，我最愛聽姑父講打仗的故事。

沒錯，我的許多家人都擔任過羅馬的高官。和這個時代其他貴族青年一樣，我很早就被送進專門培養貴族子弟的學校，接受最好的教育。我很努力，這份成績單就是證明：

文學	博覽群書，尤其是希臘古典文學，而且文章寫得棒極了！
辯論	完美！無論是辯論技巧還是說服力都是一流！
哲學	並不非常喜歡，他有自己的一套思想體系。
法律	他把複雜的條文記得很熟。
歷史	他對歷史有強烈的好奇心，尤其喜歡英雄人物。
地理	很好——只是不知道他為甚麼對高盧那麼感興趣。
軍事	熟悉每場有名的戰役，喜歡研究攻城術等戰術。
體育	精通騎馬和劍術，肌肉非常發達。

嘿，凱撒，放學了，我們去跳舞吧！

不，我還有很多正經事要做。

如果有人打壓你……反抗

公元前 87 年，按照羅馬的習俗，我穿上了成人的白長袍，並開始工作。我處理政務時認真嚴謹，進行商討時言談得體，

為人處事開朗大度，再加上有那麼多了不起的家人支持，我很快在政壇上站穩了腳跟。

公元前 86 年，我最敬愛的姑父馬略去世了，他的政敵蘇拉囂張起來，帶着自己的軍隊到處清除馬略黨。我被當成馬略的支持者（這是當然的），處境十分艱難。於是，我娶了元老院民眾派領袖秦納的女兒科涅莉亞當太太，從而得到了元老院民眾派成員的支持——而蘇拉的支持者是元老院的貴族派。

然而，兩年以後，秦納去世了，我失去了重要的保護人。蘇拉在羅馬實行軍事獨裁，並要求我跟科涅莉亞離婚，跟民眾派劃清界限。我可不想乖乖聽話，於是一口拒絕，並想辦法逃出了羅馬，到東方的小亞細亞住了好幾年。

在旅途中，有一次，我被奇里乞亞的海盜劫持了。他們要求 20 塔蘭特（1 塔蘭特合現在 20~40 千克）的黃金作為贖金，我跟他們說，他們至少得要求 50 塔蘭特才對得起我的身份。

被釋放以後，我立刻組織起一支艦隊，把那夥海盜通通抓了起來。看在他們在綁架期間對我還算好的份上，我……

如果自己的力量不夠……合作

公元前 78 年，蘇拉病逝。我回到羅馬，重新在政壇任職。在接下來的幾年裏，我當過財政官、祭司長和大法官，還擔任過遠西班牙行省的總督，發動了好幾次對外進攻。公元前 60 年，我終於當上了執政官——這可是羅馬共和國的最高職位了。

然而讓我不滿的是，元老院擔心我獨攬大權，就推選出一個名叫畢布路斯的傢伙跟我一起執政。畢布路斯整天對我指手畫腳，我簡直受夠了。他有整個元老院支持，要對付他，我的實力還不夠。所以，我需要找幾個合作夥伴。

龐培	克拉蘇
鼎鼎大名的羅馬統帥，不過最近元老院拒絕給他想要的土地。	全羅馬最富有的人，最近正在為缺少對軍隊的控制權而犯愁。

沒錯，他們就是我要找的人。我能在元老院幫他們說話，他們能給我聲望和金錢。不過，龐培和克拉蘇之間並不友好，所以我得先當個調解人才行——為了不讓信件內容洩露出去，我還發明了一種加密的通信方式。

　　公元前 60 年，我跟龐培、克拉蘇結成了同盟。現在，我再也不用在意畢布路斯了，我甚至在一次會議上把他趕了出去，而元老院那群膽小鬼沒有一個人敢吭聲，他們實在沒想到我竟然找到了這麼厲害的盟友。

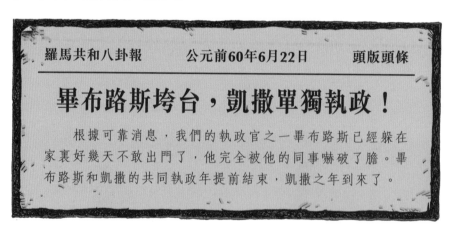

如果沒有退路……前進

■　　執政官的任期結束以後，我當上了總督，管理範圍包括高

盧和伊利里亞——這正合我意。我統帥着四個軍團前去上任，並立刻發動了高盧戰爭——我從沒掩飾過自己的野心。我用了九年時間征服了高盧全境，還跨過萊茵河，到對岸去進攻日耳曼，把直到萊茵河畔的所有領土通通納入了羅馬的版圖。

高盧戰爭讓我獲得了巨大的聲望，這讓龐培感到不安。這時候，倒霉的克拉蘇已經在一次戰爭中死掉了，龐培擔心這樣下去我會獨攬大權，於是他跟元老院聯合起來對付我。

公元前49年，元老院向我發出命令，讓我立刻離開高盧，撤回羅馬，否則將宣佈我為國家公敵。好吧，回去就回去。不過當我帶領軍隊到達盧比孔河時，麻煩來了。

盧比孔河是羅馬的國境線，羅馬法律規定，任何指揮官都不能帶軍隊過河，否則就是對羅馬的背叛。但現在的問題是，如果我不帶軍隊回去，龐培和元老院裏那些不喜歡我的老傢伙一定會把我幹掉的。

兄弟們，我們沒有退路了，勇敢地前進吧！

我的舉動讓龐培和元老院震驚了，他們可沒料到我這麼大膽。龐培來不及應戰，慌慌張張地逃到了希臘。我出兵追擊，

在希臘打敗了他，接著他逃往埃及。埃及人為了討好我，直接把他幹掉了——就在這時，我認識了克婁巴特拉——你們叫她「埃及艷后」。事實上，正是我在討伐龐培的過程中順便幫她登上了埃及王位。

在埃及的那幾個月真是令我難忘……

　　接下來，我把龐培的繼承者和支持者全部打敗，獲得了這場內戰的徹底勝利。不過，我原諒了龐培的將領，還把其中一些收到自己帳下，其中最被重用的就是布魯圖——請記住這個名字，他馬上就會出現，並讓我恨得牙癢癢。

如果信錯了人……認倒霉吧

　　公元前 48 年，我宣佈就任終身獨裁官，從此，羅馬所有國家大事全都由我一個人說了算。我進行了一系列改革，比如把羅馬公民權擴大到新征服的幾個民族中去、建立和平廣場以及請專家製作《儒略歷》。《儒略歷》已經非常接近你們一直在用的公曆——後來只是做了一點兒小小的修改。我還計劃了一個龐大的建築工程和羅馬法典的編纂。

　　我的獨裁統治讓元老們感到非常不安，儘管我從沒說過要當皇帝，但他們還是覺得這麼下去的話，我總有一天會戴上皇冠。所以，他們有了一個該死的計劃，最值得詛咒的是，布魯圖也參與了（很多人說他是我的私生子，但我並不打算澄清這種花邊新聞）。

12

凱撒遇刺身亡！

今天，偉大的凱撒在元老院遭到了刺殺——六十多個陰謀者身藏短劍，在他毫無準備的情況下把他圍在中間。凱撒沒帶任何武器，但還是奮力抵抗。不過，當他看到刺殺者中竟然有他最信任的布魯圖時，他絕望地放棄了。

我就這麼死掉了——只好認倒霉，誰讓我信錯了人呢。最後要說的是，當這群兇手提着血淋淋的短劍走出元老院時，和他們所預料的歡呼場面相反，並沒有一個羅馬人對我的死去表示高興。這真是令人感到安慰啊！

也許凱撒一生中最遺憾的事就是統治時間太短暫，他的很多計劃還沒來得及實施，所以很難説如果他沒有遇刺，羅馬會變成甚麼樣，而他又會不會成為一位更了不起的統治者。

不管怎麼説，接下來，輪到凱撒的繼承人屋大維登場了，讓我們看看他幹得怎麼樣。

知識鏈接

元老院

元老院是一個審議的團體，有批准、認可法律的權力，還能通過執政官行使管理權。

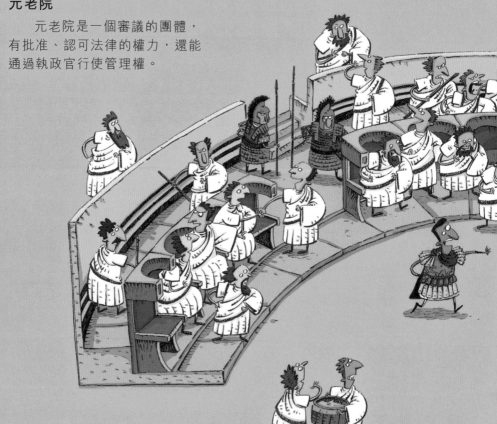

穿鑲紫邊托加長袍的元老

骨螺紫

無票決權元老的白色長袍沒有裝飾，而有票決權元老的長袍上鑲着紫邊，這種美麗的紫紅色被稱為骨螺紫，因為這種紫色來源於一種海生貝類——骨螺。

元老

元老院有 300 名元老。他們當中有一些沒有發言權——被稱為無票決權元老，而有發言權的那些元老來自羅馬最高貴的家族，事實上正是他們掌管着國家軍政大權和一切對外事宜。

腓尼基人

最先從骨螺中提煉出紫色染料的是生活在地中海東岸的腓尼基人。他們因為會用骨螺的黏液製成昂貴的紫色顏料而聞名，「腓尼基」在古希臘語中的意思就是「絳紫色」。

拿骨螺的腓尼基人

15

屋 大 維
被稱為神的獨裁者

屋大維小時候就像一隻怯懦的兔子，需要經常提一提凱撒的名字給自己壯膽兒，不然他就覺得會有人欺負他。

我是凱撒的養子！我是凱撒的繼承人！

　　讓所有人吃驚的是，在凱撒死於元老院的刺殺之後，他的養子，看上去就像個柔弱書生的屋大維登上了歷史舞台，而且他還平息了羅馬共和國的內戰，並統治了羅馬好幾十年，還被元老院授於「奧古斯都」的稱號——奧古斯都的意思是神聖而至尊，聽起來比皇帝更氣派。

現在，讓我們熱烈歡迎這位大人物出場吧——蓋烏斯·屋大維·圖里努斯（前63—14），他作為羅馬帝國的開國君主和元首制的創始人，開創了羅馬二百年的太平盛世，號稱「羅馬和平」。

我就是那位奧古斯都。

說到元首，其實它本來的意思是元老院首席公民，這也是元老院送給屋大維的稱號之一。這個稱號被簡稱為元首，並且漸漸變成了一種政治制度。簡單地說，元首制就是由元首本人獨攬行政、軍事、司法和宗教大權，總之一切都由元首說了算。說得更明白點兒呢，差不多就相當於皇帝換了個稱呼而已——你已經聽說過了，羅馬人最不喜歡皇帝和獨裁者，凱撒就是因為有獨裁傾向而被殺死的。

也許你想比較一下屋大維跟凱撒的不同。如果說凱撒的偉大之處主要是奪取羅馬最高權力的奮鬥歷程，那麼屋大維的偉大之處則在於他獲得最高權力以後實行的措施。

凱撒是一個大英雄，而屋大維更像一位帝王。

屋大維在羅馬一手遮天，但表面卻假裝對元老院很尊敬，元老們對他的獨裁統治睜一隻眼閉一隻眼。所以，由他統治的羅馬共和國實際上已經變成了羅馬帝國。

　　他改革財政和稅收制度，改編軍隊，改善交通，並大興土木，興建神廟、劇場和大浴池等公眾設施。在他的統治下，羅馬政局穩定，經濟繁榮，就連文學也格外發達——羅馬最偉大的作家維吉爾就出現在這時候。也許跟凱撒相比，屋大維的確少了一點兒英雄氣概，但從對歷史的影響來看，他的貢獻顯然更加持久。

　　接下來就是這位了不起的奧古斯都的故事，你會看到：

　　・他風度翩翩，樣子端莊，是一位非常迷人的男士。

　　・他是個天才政治家，也有人說他有點兒狡猾——不過在他所處的環境中，那點兒狡猾剛剛好。

　　・他巧妙地獲得了大部份人的支持，在內戰中勝出。

　　・他把羅馬城修建得金碧輝煌，無比繁華。

屋大維開講啦

稱職的繼承人

　　你已經聽說了，我的名字是蓋烏斯・屋大維・圖里努斯，當了凱撒的養子以後，我就把名字改成了蓋烏斯・尤利烏斯・凱撒・屋大維亞努斯。事實上，我覺得這個名字更適合我——好頭腦・聰明冷靜・超過凱撒・屋大維最偉大。

　　繼續往下看，你會明白我這麼說是有道理的。

　　我出生在一個富有的騎士家庭，老爸是馬其頓的總督，老媽則是凱撒的姪女——也正是因為這樣，我才有機會成為凱撒

的養子和法定繼承人。

公元前 44 年，凱撒遇刺的消息傳開了。當時我正在阿波羅尼亞軍中服役，我想我必須得回去做點兒事——雖然凱撒把大部份財產留給了我，但我最想繼承的是他的權力和尊榮。

不過，剛到羅馬我就發現，想要實現理想是件很難的事。羅馬城裏亂成一團，誰也不把我放在眼裏。

他們説的沒錯，在這裏我唯一的優勢就是我的身份。不過，在我看來這已經足夠了。我做的事情包括……

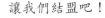

我對凱撒的士兵們這樣説，當然沒忘記反覆強調自己的繼承人身份來換取他們的支持——事實上我的説服成功了。

安東尼和雷必達從前是凱撒最得力的部下，同時也是現在手握大權的人，跟他們聯合讓我變得更有實力。

讓我們除掉這些陰謀家！

布魯圖和卡西烏斯，你們該死！

我和我的盟友開始清理元老院的反對派——包括策劃刺殺凱撒的那些人。有300名元老和3000名騎士掉了腦袋。

我率領軍隊追擊逃跑的反對派主謀布魯圖和卡西烏斯，並且毫不留情地幹掉了他們。這讓我得到了更多人的支持。

下面是羅馬銷量最好的報紙，它這樣總結了我的表現：

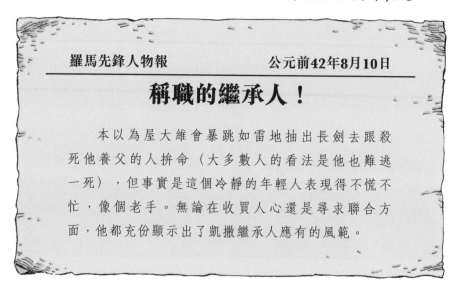

羅馬先鋒人物報	公元前42年8月10日

稱職的繼承人！

本以為屋大維會暴跳如雷地抽出長劍去跟殺死他養父的人拚命（大多數人的看法是他也難逃一死），但事實是這個冷靜的年輕人表現得不慌不忙，像個老手。無論在收買人心還是尋求聯合方面，他都充份顯示出了凱撒繼承人應有的風範。

逞一時英雄也許會讓整件事功虧一簣

在這場變動之後，誰都看得出來，混亂的羅馬需要一個最

高領導人來統治。現在唯一的懸念是，誰將成為這個人——我，安東尼，還是雷必達？雖然我們結成了同盟，但毫無疑問，這個同盟很快就會瓦解，因為大家都想獨攬大權。

雷必達是最先出局的一個。在一場戰爭中，我打敗了他，剝奪了他的軍權。接下來，就輪到我和安東尼決戰了。

安東尼跑到埃及，和凱撒的前任女友、埃及艷后克妻巴特拉勾結在一起。更過份的是，安東尼還四處對我進行誹謗。

如果凱撒還活着，一定會毫不猶豫地帶上軍隊，去埃及砍下安東尼的腦袋。但比起不假思索就發動戰爭，我更喜歡用智慧解決問題。等到實力足夠時，我出手了——我的指控可比他對我的誹謗有威力得多。

羅馬人憤怒了，元老院宣佈對安東尼和埃及艷后進行討伐，我順理成章地率兵對安東尼宣戰。公元前 32 年，我在希臘的阿克提烏姆灣打敗了安東尼，安東尼逃回埃及，而我緊追不捨。安東尼在敗局已定的時候提出要跟我單獨決鬥……

沒有必要，你想死的話，辦法多得很！

　　我當然不會蠢到答應他的要求，逞一時英雄也許會讓整件事功虧一簣。最後，走投無路的安東尼和埃及艷后只好自殺。我大獲全勝，在佔領埃及的同時還順便殺死了凱撒里昂——傳言說他是凱撒和埃及艷后的兒子，他對我是個不小的威脅。

元首聽起來比皇帝民主多了

　　就這樣，我掃除了成為羅馬最高領導人的一切障礙。當我回到羅馬時，我已經變成了跟凱撒一樣的偉大人物。不過，現在的問題是，經過這麼多年的內戰，羅馬幾乎成了沒有法律的國家，儘管目前的混亂局面非常需要一個皇帝來統治，但羅馬人並不願意接受一個專制的君主。那麼，我要以甚麼樣的身份來統治羅馬呢？

　　我想，最好的選擇是大獨裁者——只要表面上繼續實行民主統治就行。

為了達到目的，我宣佈辭去所有職務，解散軍隊，號召元老院公開選舉執政官。很多人都為我捏了把汗，說我這是在拿小命冒險。但事實就像這份地下傳單說的一樣⋯⋯

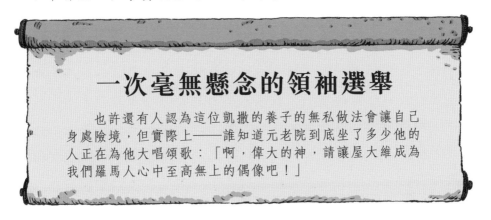

一次毫無懸念的領袖選舉

也許還有人認為這位凱撒的養子的無私做法會讓自己身處險境，但實際上——誰知道元老院到底坐了多少他的人正在為他大唱頌歌：「啊，偉大的神，請讓屋大維成為我們羅馬人心中至高無上的偶像吧！」

沒錯，我早就把元老院的反對派通通幹掉了，現在的元老院對我言聽計從（當然，這一切得在暗中進行）。選舉開始了，我毫無懸念地當選為執政官，還獲得了「奧古斯都」的稱號。

我用元首制管理國家，你瞧，元首聽起來比皇帝民主多了吧？有人說我開始統治羅馬代表着羅馬共和國的結束，羅馬從此進入了帝國時代。他當然可以這麼說，因為元首跟皇帝在本

質上一模一樣，反正現在羅馬的一切都由我一個人說了算。

條條大路通羅馬

　　我所統治的羅馬帝國疆域遼闊——西起西班牙，東到小亞細亞，北到萊茵河和多瑙河，南到埃及，就連地中海也幾乎成了羅馬帝國的內海。不過，我對沒完沒了的征服並不迷戀，也不熱衷於無休止的擴張。我根本不打算發動大規模戰爭，你知道，戰爭對國家沒好處。

　　當然，我並不害怕作戰。我建立了一支強大的軍隊，命他們駐紮在邊境，一來保衛國家安全，二來防止他們干預內政。另外，我還建立了一支戰鬥力超強的禁衛軍，負責保衛羅馬城以及我本人的安全。

　　現在，我可以放心地大顯身手了。我改革了羅馬的財政和稅收制度，並在全國各地興建神廟。我鼓勵人民敬仰和崇拜神祇，因為……

人們越是崇拜神，就越會尊敬我，服從我的統治，畢竟對他們來說，我就像神一樣。

　　為了得到民眾的支持，我還修建了很多娛樂設施來取悅他們，比如豪華大劇院。

建造浴場的理由就更不用說了──羅馬人超愛洗澡。

在我的統治下，羅馬帝國變得富有、繁華，而羅馬城更是被我打造成了一座金碧輝煌的超級大城市。

羅馬報　　　　　　公元6年8月1日　　　　　頭版頭條

條條大路通羅馬！

　　在偉大的奧古斯都的統治下，羅馬城變得交通發達，商業繁榮，有四通八達的道路連通各地，是當之無愧的世界中心。最近流行一句話說「條條大路通羅馬」──嗯，非常合適。

我可以自豪地説，我接手的是一座磚造的羅馬城，而留下來的卻是一座大理石的城市！

　　奧古斯都的統治足足持續了四十一年，就算在他死後，羅馬帝國也依靠他所創立的制度和進行的改革，在接下來的二百多年裏一直維持着欣欣向榮的局面。幾乎所有人都認為他是羅馬最偉大的統治者，後來的皇帝也都喜歡用奧古斯都作為自己的頭銜。奧古斯都去世後，西方人還把 8 月命名為「奧古斯都」（英文寫作 August），作為對這位大人物的紀念。

那得用掉多少大理石啊？

那只是個比喻，笨蛋！

因為他的存在，無論去哪兒，我們羅馬人都昂首挺胸，因為我們曾經擁有一位最偉大的奧古斯都！

其實 12 個月都應該被稱為奧古斯都，這樣才能說明他的偉大！

1 元老院會場

　　元老院的會議就在這裏舉行。會場前面也許應該豎塊牌子提醒人們小心火燭——因為這已經是元老院的第五個會場,而前四個都被大火燒毀了——當然有些是自然原因,也有幾次是憤怒的人們為了向元老們表達不滿故意放的火。

2 埃米利亞柱廊大廳

　　這個長方形的柱廊大廳是集會的場所。

3 尤里烏斯·凱撒廟

　　這是為了紀念偉大的凱撒而修建的神廟,下令修建它的正是屋大維。

4 奧古斯都拱門

奧古斯都——看名字也知道它是為屋大維修建的，據説修建它的目的是為了紀念屋大維打敗安東尼。

5 維斯塔神廟

它是羅馬最重要的神廟，供奉的是灶神。據説神廟裏燃燒的火是象徵羅馬生命不斷的聖火。

6 雙子星神廟

這是為了祭祀雙子星神卡斯托爾和波盧克斯兄弟而修建的神廟，所以也叫卡斯托爾和波盧克斯神廟。在羅馬共和國時期，元老院在這裏舉行會議。

7 尤利婭柱廊大廳

這座凱撒時期修建的大廳是羅馬最大的柱廊大廳。

蔡倫

實 用 造 紙 術 的 發 明 者

　　紙當然不是自古就有的。在它被發明出來以前，中國人為了記錄文字用過很多方法……

最早，人們把字刻在烏龜殼或動物骨頭上——那時候寫字可是個花力氣的事。	後來，人們開始用竹簡。如果出門時想帶些書解悶兒，恐怕得用馬車來拉。	再後來，人們還想出過在絲織品上寫字的辦法，可是，絲織品實在太貴啦。

今天刻了一天字，真是累死啦！

甚麼？竟然有這麼一大車？

一般人怎麼用得起啊！

那其他國家的人們有沒有好辦法呢？

古代的蘇美爾人在黏土做成的泥板上面刻字。

古埃及人用尼羅河畔盛產的一種水草做莎草紙來寫字。

古印度人把字寫在光滑的白樺樹皮和樹葉上。

歐洲人則把字寫在經過打磨的乾燥的羊皮上。

無論是泥板、莎草紙還是樹皮，都不容易存放。羊皮似乎好些，但是據說抄一部《聖經》至少要用好幾百張羊皮……

所以，大家一直在找一種更方便、更好用的書寫材料，於是，紙誕生了。它的發明者就是本篇的主角，生活在中國東漢時期的蔡倫（約63—121）。

非常榮幸！

嚴格地說，蔡倫並不是紙的發明者，真正的發明者應該是一群人，他們是……

當然是我們啦！

他們是製作麻布的工匠，在工作的時候無意中製造出了一種麻紙，但是誰也沒有在意過。蔡倫所做的是學會了他們製造麻紙的技術，並找到更合適的材料代替了麻，創造出了一整套造紙的工藝。所以，他被大家公認為造紙術的發明者。

有了方便的書寫材料，文化和科技很快發展起來，而且漸漸出現了紙製品，比如書本、燈籠甚至是衛生紙——在那以前，大家上完廁所一般會用順手的植物來解決問題，秸稈、草、樹葉或者……竹片。

就別提了，不過習慣了也還好……

一切都變得更方便了，似乎只有竹簡製造商不高興……

至於為甚麼是蔡倫而不是別的甚麼人發明了造紙術，認識他的人各有各的說法。

宦官同事　　　　　　助理張老驢　　　　製作麻布的工匠

到底他們誰說的對？這件事似乎只有蔡倫本人才有發言權。下面就是蔡倫的故事，你會在故事裏看到：

‧他其實是個宦官，也就是我們常說的太監。

‧他曾經擔任尚方令——負責監督製造宮廷物品的官員。

‧他具有科學家的頭腦和發明家的氣質。

‧他奉命幹過一件並不光彩的事，最後他自殺也跟這件事有關。

蔡倫開講啦

我的志向跟其他小宦官的不太一樣

　　我出生在東漢初年的桂陽郡，這地方大約在你們那個時代的湖南省東南部。我家是個鐵匠世家，祖祖輩輩都是鐵匠。有一年，太守大人在桂陽郡設置了一個負責鑄鐵的官職，我們家有人當了官，從此跟朝廷有了聯繫。因為這樣，我得到了進鄉學讀書的機會，在學校裏學了儒家的《周禮》和《論語》。

　　少年時，我長相清秀，人很聰明。都城來的大官見了我，就把我推薦到皇宮當宦官。儘管在我的年代，宦官能擔任很高的官職，給全家帶來榮耀——但是當宦官……瞧我這壞運氣！

　　公元 75 年，也就是東漢第二任皇帝漢明帝去世和第三任皇帝漢章帝上台的那一年，我來到都城，進入皇宮，開始了我的宦官生涯。剛開始，我在掖庭當差，負責照顧那些等級低的嬪妃和宮女。這是宦官裏最沒前途的工作。不過，我和其他小宦官不太一樣，當他們完成工作休息的時候，我讀了很多書——當然那時候的書還是竹簡。

　　有一天，我偶然有機會在皇帝跟前當差……

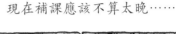

就這樣，進宮不到一年，我就升職當了小黃門，不久又成為層級高一點兒的黃門侍郎，負責傳達公文。雖然官職不高，但可以直接跟皇帝、貴妃和王公大臣接觸。皇帝的太太竇皇后尤其喜歡我，她覺得我手腳麻利又能幹，於是常常交給我一些重要任務，其中就包括……

英明的皇帝並不介意愛挑錯的宦官

竇皇后來自一個有勢力的大家族，人長得漂亮，很討皇帝喜歡，但遺憾的是沒有兒子。現在的太子是皇帝的另一位太太宋貴人的兒子劉慶。竇皇后對這件事耿耿於懷，她擔心一旦劉慶接班當了皇帝，自己的地位會受到威脅，於是她誣陷宋貴人用巫蠱詛咒皇帝。

巫蠱這種事挺玄妙，皇帝糊裏糊塗就相信了。他撤掉了劉慶，換竇皇后撫養的劉肇當太子。可憐的宋貴人被抓進大牢嚴刑逼供，最後服毒自殺了。

為甚麼要講這件事呢？那是因為被派去審訊宋貴人的宦官——好吧，就是我。

雖然對宋貴人很抱歉，但是沒辦法，我只能按照命令做。經過這件事，竇皇后把我當成了心腹。不久，漢章帝去世了，新皇帝漢和帝還很年輕，於是竇皇后——現在她是太后了——升了我的官，讓我陪在皇帝身邊。

　　我的新職位是中常侍，這可是宦官裡的高級官職，皇帝下達的命令和大官上交的奏章都要通過我來傳遞。有時我會發現皇帝的錯誤……

　　我當然知道這樣做很危險，因為其他那些大臣對皇帝說的都是……

　　皇帝確實有點兒生我的氣，不過好在他還算開明，所以並

不介意。最近，他正忙着對付竇太后。竇太后和她的幾個哥哥把持朝政，讓皇帝的處境非常被動。皇帝有心反擊，把大權奪回去，可是朝廷官員大部份都被竇太后收買了。於是，他就跟幾名手握實權的宦官聯合發動政變，鏟除了囂張的竇氏集團。

在這次政變裏，我站在皇帝這邊幫了忙。皇帝論功行賞，升我做了尚方令。

從門外漢到專家

尚方是皇家製造機構，尚方令則是這個機構的主管。剛開始，我對製造一竅不通，完全是個門外漢。

皇帝糊塗了，派了個外行人來做官！

說話的人叫張老驢，是我的助理。他雖然年紀大，耳朵有點兒聾，還像他的名字一樣有點兒倔脾氣，但手藝很高明，而且從上上上一任尚方令在任時就做助理了。

我想請教您，刀劍打造好以後為甚麼要馬上扔到冷水裏？

甚麼？我聽不到！

連這都不懂，別指望我給你解釋！

瞧，張老驢對我的態度不怎麼友善，但我還是經常問他問題——我問 10 個問題，他回答 1 個，我也算有所收穫不是嗎？

把打造好的刀劍扔到冷水裏是為了增加它們的硬度，可是甚麼時候扔最合適？

甚麼？我聽不到！

進步很快嘛！不過這次我可不是故意不回答，我根本就不知道啊！

永元九年春

我看出張老驢

其實不是不想告訴我答案，而是因為他真的不知道。不過我並不打算揭穿他。畢竟，我當尚方令以來，他還是教會了我很多有用的東西，雖然態度很差。

漸漸地，張老驢的話多了起來。從前他看都不多看我一眼，現在我們已經是可以一起喝酒的朋友了——當然是我請客。

蔡大人很不錯，人很謙虛，從來不會不懂裝懂，而且還經常請我吃飯。

就這樣，我從一個門外漢變成了熟悉各種製造技術的專家。

造紙術誕生記

民間的小孩大都會唱這樣的歌謠……

做大官，做大官，坐在家裏當大官！

　　確實，很多大官根本不願意跟百姓接觸，不過，我可不想做這樣的官，我差不多每天都要去各個作坊視察。

　　有一天，我在生產麻布的作坊裏發現了一件新鮮事。作坊的牆上貼著一些薄薄的麻片，工匠告訴我，這是他們無意中做出來的麻紙。原來，在製作麻布的過程中，有個步驟是把用水浸泡過的麻放在席子上用力捶打，目的是讓麻變得柔軟並且沒雜質。工匠們發現，每次捶打後都會有些細碎的麻留在席子上。如果不去管它，等它乾燥以後，就會在席子上形成一層薄薄的麻纖維——他們管這叫麻紙。

　　事實上，在看到這種麻紙之前，我一直都有造紙的想法，你也知道竹簡很笨重。當然，皇家圖書館也有紡織品（比如縑帛）做的書，這種書又輕又薄，但是……

喂，只是弄破了一點兒，有必要賠100兩銀子嗎？

大人，您有所不知，光是做書的蠶絲就值90兩！

所以，我早就覺得應該找一種新的書寫材料——比縑帛便宜，比竹簡輕便。看到麻紙，我高興極了。

聽了他的話，我並不灰心。只要找到一種更合適的東西來代替麻不就行了？不過在這之前，我得先學會做麻紙。

學會做麻紙的方法以後，我開始尋找更合適的原材料……

最後，我發現用樹皮、破布、舊魚網做原料，然後加入石灰，做出來的紙又白又細，而且不容易破。我把造紙的方法寫成奏摺，連同紙張一起呈給皇帝……

傳我命令，全國普及！

蔡倫因為發明了造紙術而全國聞名，但他的下場卻有點兒悲慘。還記得他曾經幫竇太后辦過的差事吧？他審訊逼死的那位宋貴人，就是漢和帝的接班人漢安帝的祖母。漢安帝把這筆賬算在了蔡倫頭上，於是蔡倫只好喝下了毒藥。

作為宦官，蔡倫的故事就到此為止了。不過，作為造紙術的發明者，他將永遠被大家紀念。

最後要說的是，在很長一段時間裏，其他國家都不知道紙是怎麼製造出來的——這屬於保密技術。公元 751 年，唐朝軍隊跟阿拉伯人打了一仗。唐朝軍隊打輸了，阿拉伯人在戰俘中發現了幾個造紙工匠……

我們受不了嚴刑拷打，只好說出了造紙的方法！

造紙術就這樣流傳出去，很快傳遍了世界各地。

知識鏈接

1 切麻
　　造紙多用
苧麻和大麻，
這類植物莖皮
纖維長，而且
堅韌，造出的
紙不易破損。

2 洗滌
　　洗去
雜質和部
份汁液。

3 浸石灰水
　　進一步
除去原料中
的果膠、色
素、油脂等
雜質。

4 蒸煮
　　除去雜質的同時，
分散原料的纖維。

5 搗
　　進一步
搗碎纖維，
形成紙漿。

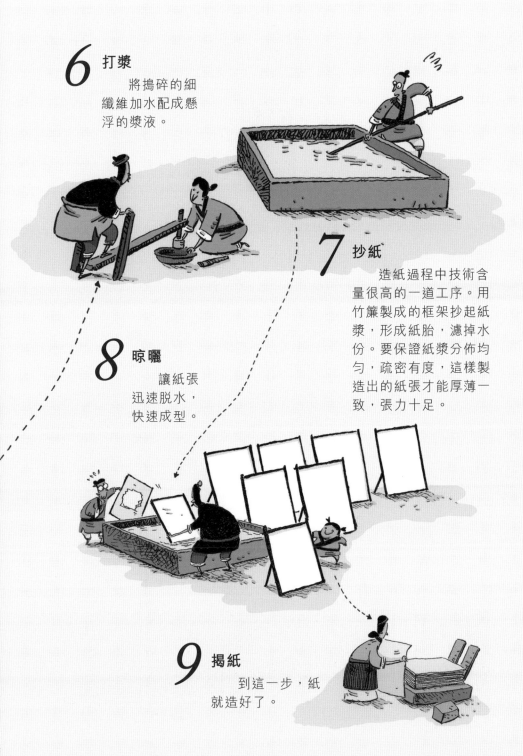

6 打漿
將搗碎的細纖維加水配成懸浮的漿液。

7 抄紙
造紙過程中技術含量很高的一道工序。用竹簾製成的框架抄起紙漿，形成紙胎，濾掉水份。要保證紙漿分佈均勻，疏密有度，這樣製造出的紙張才能厚薄一致，張力十足。

8 晾曬
讓紙張迅速脫水，快速成型。

9 揭紙
到這一步，紙就造好了。

張衡

多才多藝的古代科學家

如果你在東漢的都城洛陽街頭打聽一下張衡（78—139）是誰，得到的答案一定會讓你覺得很茫然。

他是個天文學家，每天半夜三更起床看星星。是的，每天都是這樣。

他是個文學家，我還曾為他轟動全城的《二京賦》寫過一整版評論呢！

那個死心眼兒的傻瓜？本來我想提拔他做官，可是他竟然一口拒絕了！

我只見過他幾次，他找我拿木料，說要做木工活兒，應該也是木匠吧。

那位施主竟然說地震是自然現象！誰都知道，地震應該是佛祖生氣嘛。

朋友

評論家

大官

木匠

和尚

我們要找的張衡到底是他們當中誰說的哪個？其實都是。張衡的愛好很廣泛，似乎對甚麼都感興趣，無論科學還是文學，樣樣精通。

首先，很不可思議，在那個沒有望遠鏡的年代，他觀測到了二千多顆星星——他的視力真的很棒。他把這些星星都記錄下來，畫出了一幅星圖。

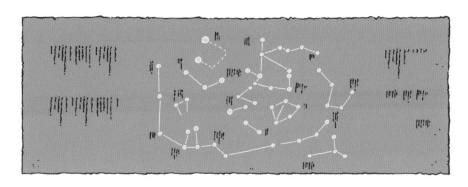

下面這件事仍然跟星星有關。他畫完星圖以後，又製作了渾天儀，這個儀器用來觀測天體，如果你想知道某顆星星在某個時刻處在天空中的甚麼位置，用它來看準沒錯。

接下來的這件事與月亮有關，至於他是看出來的還是推測出來的我們不得而知，但是結果——他說的是對的。

月亮本身並不發光，月光其實是太陽光的反射。

不會發光？可月亮明明是亮的！

別理那個傻瓜。

因為認識到這一點，所以他可以正確地解釋為甚麼會發生月食，而一般人……

他把自己對天文的了解寫成了一本叫《靈憲》的書，在裏面講了宇宙的形成、天地的結構，還解釋了日月星辰的本質和運動，這在一千八百多年前都是頂先進的觀點。另外，他還發明了候風地動儀，它能測定地震的方向，造型像一個酒樽，周圍有 8 條龍，每條龍嘴裏含着一個銅丸，下面對應的是 8 隻張嘴的蟾蜍。如有地震發生，震源方向龍嘴裏的銅丸會落入對應的蟾蜍口中。

他的發明還包括能自動記錄里程的木車、指南車、會飛的木鳥，他甚至計算過圓周率——沒錯，他對數學也很着迷。

下面就是這位全能科學家的故事，你會看到：

· 他出生在一個很窮的家庭，但是很懂得自娛自樂。

- 他是個旅行愛好者。
- 他用了整整 10 年寫出兩篇文章——字數並不太多。
- 他的職業生涯還算快活。

張衡開講啦

看星星是不花錢的娛樂

　　我出生在東漢時期的南陽郡，這地方就是你們那個時代的河南省南陽市。說起來，我家也算是個有名望的大家族，爺爺先後擔任過蜀郡和漁陽郡太守，是個受百姓愛戴的大清官。他真的非常清廉，以至於退休回家的時候，所有的家當只有一床破被子而已。

　　我家窮得要命，有時要靠爺爺的朋友接濟才能填飽肚子。不過，就像你讀到的其他名人故事裏的主人公一樣，雖然我生活貧窮，但我還是很用功讀書——其實窮和用功讀書根本沒關係。不過下面的事絕對跟窮有關，比如到了晚上，有錢人家的小孩也許可以……

看戲　　　　　　玩鬥雞　　　　　吃飽後思考人生

　　甚麼？很貧乏？你總不會以為在我這個年代可以收看動畫片吧！天黑以後，到處一片黑暗（外面當然也不會有路燈）。這時候，看不起戲、玩不起鬥雞和餓着肚子沒心情思考人生的孩子們最適合幹的事就是——沒錯，看星星！

不花錢的娛樂，還能順便治療頸椎病！

　　看星星的時候，我發現有的星星原來在天空東邊，後來又跑到西邊去了。有的星星原來明明在，後來竟然不見了。這說明星星不僅會移動，而且還有可能消失——真是太奇怪了。

　　其實，很多和我一樣的小孩都發現過星星的秘密，只不過他們好奇一陣子就算了，而我為了弄清楚原因，把看星星的愛好一直堅持了下來。在小夥伴們長大以後，覺得看星星幼稚的時候，我還繼續做着這件事，並且把觀察到的星星通通記錄下來——你已經聽說了，我繪製過一張星圖。其實只要肯堅持，很多事做起來並不困難。

出發，去旅行吧

我沒錢上學，不過我可以從爺爺的藏書裏挑幾本認真誦讀（那可是爺爺最值錢的財產）。到十幾歲的時候，我已經讀完了十幾部儒家著作，變得相當有學問了——不是吹牛，這一點縣令可以證明。

張衡的確才學出眾，不過腦筋似乎有問題。我推薦他做孝廉，他竟然拒絕了。

當孝廉是做官的捷徑，可我對考取功名沒甚麼興趣。我不想成為一個只會搖頭晃腦地背誦古文和經書的書呆子，於是我收拾行李，開始到處旅行——你們管這叫自助遊。

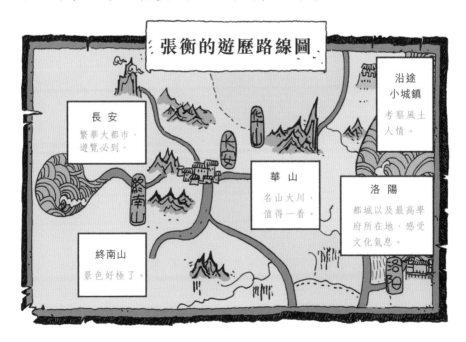

張衡的遊歷路線圖

長安
繁華大都市，
遊覽必到。

沿途
小城鎮
考察風土
人情。

華山
名山大川，
值得一看。

洛陽
都城以及最高學
府所在地，感受
文化氣息。

終南山
景色好極了。

旅行是個增長見識的好辦法，它會讓人對這個世界有更透徹的了解，其中很多知識是書本上無論如何也學不到的。有一陣子我住在洛陽，結識了很多志同道合的新朋友。馬融經常跟我討論詩詞歌賦，那時我可是個不折不扣的文學發燒友。王符一開口必然以「當前局勢」開頭，對政局的評論精闢又獨到。崔瑗變成了我最要好的知己，他對文學、天文、曆法、數學都很精通，還是個擅長寫草書的大書法家。能結識這些人，我真是太幸運啦！

　　旅行結束以後，我整理了一路上蒐集的資料，開始寫《二京賦》。二京嘛，是指西邊的長安和東邊的洛陽。我讚美這兩座城市格局宏大，宮殿金碧輝煌，同時也寫了王公貴族們過的那種頂奢侈的生活。

　　在崔瑗看來，我這是在做一件蠢事。但我並不這樣認為，難道表達思想和吃飯喝水不是同樣重要嗎？

你要吃飯、租房，還不趕緊找份工作，反而寫甚麼不着邊際的文章！

沒關係，很快就寫完了。

如果你想顯得比別人高明

　　沒想到，《二京賦》寫了那麼久。時間一年一年過去（注意，不是一天一天），我寫了又改，改了又寫，不斷補充。崔瑗這傢伙比我更着急……

第一年

再有三個月能寫完吧？

第三年

再有一年差不多能寫完吧？

第五年

再有三年總能寫完吧？

第九年

到底哪年才能寫完……

這些年，我還意外和一些人建立了友好而密切的關係……

張公子，您是老客戶，我給您打個九八折！

竹簡供應商

他買走了我店裏半數毛筆和墨汁……

文具店老闆

請試用一下我們的新產品，有錯就塗牌修正液，保證節省竹簡！

推銷員

一點兒都不意外！

你猜得出我寫了多少年嗎？好吧，十年——關鍵是《二京賦》並不是一本大部頭作品，而只是兩篇文章而已。我一遍又一遍地修改，直到對裏面的每一個字都滿意。其實無論寫書還是做其他事，如果你想做得比別人更好，那就必須要比別人更用心才行。

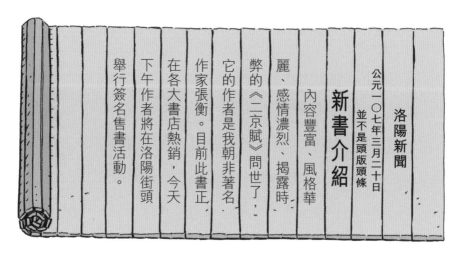

洛陽新聞

公元一〇七年三月二十日
並不是頭版頭條

新書介紹

內容豐富、風格華麗、感情濃烈、揭露時弊的《二京賦》問世了，它的作者是我朝非著名作家張衡。目前此書正在各大書店熱銷，今天下午作者將在洛陽街頭舉行簽名售書活動。

寧願當芝麻官也不做沒興趣的事

《二京賦》被洛陽首席文學評論家評為年度最佳暢銷書，我一下子出了名。為了表示愛惜人才，朝廷三番五次派人來邀請我做官，就連大將軍鄧騭也給我發了好幾封極其熱情的邀請函。

這位鄧將軍是皇帝的舅舅，位高權重，是所有大臣裏最罩得住的一位。朋友們都說只要跟他攀上關係，升官發財都是小意思，以後就不用為前途擔心了。然而，我並沒有給這位鄧將軍面子，因為我對政治根本沒興趣，也看不慣官場上那種走門路、拉關係、結黨營私的壞風氣。

沒錯，我的興趣不是當大官，而是——最近一直在看《太

玄經》。這是西漢時期的揚雄寫的一本……算是哲學著作吧，主要研究宇宙的形成和事物的發展規律。我完全被書裏的內容吸引了，立刻愛上了科學，並開始研究天文、曆法、地理和數學，有時候還自己動手做做木工，發明一些巧妙的小機械。有一次，一本雜誌對我做了一次專訪，皇帝正好看到了……

這個叫張衡的人學問這麼棒？把他找來做官吧！

我被任命為太史令，負責觀測天文氣象和編訂曆法，你瞧，這正好適合我。所以，雖然官職不高，薪水也很少，但我還是幹得很認真。

太史令張衡的日程安排

凌晨3時起床（你沒看錯）觀測記錄星象。	上午整理記錄，根據以往記錄進行對照。	下午去百姓當中，宣傳正在推行的新曆法。	下班後是讀書時間，最愛揚雄寫的《太玄經》。

甚麼？你拒絕了鄧將軍，卻願意當這個忙死人的芝麻小官！

現在可以跟老朋友去喝一杯了

在我的年代，大部份人都相信地是平的，天空就像一個半圓形的大罩子把地罩在裏面。你知道，我一直在觀測天象。通過它們的運行規律，我認為天和地應該都是圓的，關係就像雞蛋黃和整個雞蛋一樣，而日月星辰飄浮在天球裏自己運轉。

為了讓大家知道宇宙真正的樣子，我製作了一個演示天體運動和測量黃道經度和地平坐標的儀器叫渾天儀（渾天儀的樣子你在後面就能看到），但我的老朋友崔瑗可不覺得它有趣。

每次來找你喝酒，你都說沒空，這樣下去，我們朋友可沒得做了！

作為太史令，記錄各地的地震也是我的工作之一。最近幾十年中原地區地震頻繁，其中有幾次非常嚴重，不僅山崩地裂、房屋倒塌、江河氾濫，還有不少人不幸遇難。我還製作了一個能測定地震方向的地動儀——你往後翻一頁就能看到這個大傢伙了。

地動儀剛做好的時候，大家並不相信它。記得公元 134 年 12 月 13 日——我在工作記錄上記下過這個日子，那天地動

儀測出西方發生了地震，但是當時洛陽以及住在洛陽西邊400里（1里＝0.5千米）以內的人們根本就沒感覺到。於是，大家議論紛紛，說我的地動儀根本不靈驗。

幾天以後，隴西地區傳來消息，說前幾天那裏的確發生了地震。隴西距離洛陽有一千多里，這表明地動儀不僅可以測出地震，而且靈敏度很高。這下，大家不僅心服口服，而且對地動儀讚不絕口。

現在，我有心情和時間跟老朋友去喝一杯了——偶爾也要放鬆一下，對吧？

因為張衡在天文學方面的巨大貢獻，所以國際天文組織把月球背面的一座環形山命名為「張衡環形山」，又把太陽系中一個編號為 1,082 的小行星命名為「張衡星」。

知識鏈接

候風地動儀

　　張衡經過多年研究，在公元 132 年製作出了候風地動儀——世界上第一架地震儀。在通信不發達的古代，它對人們及時知道發生地震和確定地震大致方向有一定的作用。

水運渾天儀

　　渾天儀又稱渾象儀，是我國古代研究天文的儀器。張衡創製的水運渾天儀是一個精銅鑄造的球體模型，代表天球。天球的表面畫有二十八星宿和各種恆星，還有赤道、黃道、二十四節氣等。張衡將我國古代的計時工具刻漏與渾天儀巧妙結合，以漏水為原動力，利用刻漏的等時性，通過齒輪傳動，使渾天儀每天均勻地繞軸轉動一周，等同於天體繞地轉一周，從而達到演示天象的目的。

曹操

東漢末年的亂世奸雄

作為權力比皇帝還大的大臣，很多忠誠的部下都希望他廢掉皇帝，自己過一把皇帝癮，但他到死都沒這麼做。

他想得個好名聲才沒把皇帝趕下台，在他生活的時代，篡位是大逆不道的。

他不想當皇帝也許是因為害怕，當皇帝得每天坐在大殿上聽大臣們嘮叨，那實在是痛苦的折磨。

他們正在談論的這個聽起來很特別的人，就是大名鼎鼎的曹操。

曹操（155—220），中國東漢末年最有名的軍事家和政治家，三國時期魏國的奠基人。有人說他是亂世奸雄，奸雄的

意思基本上可以理解成狡猾奸詐的英雄。狡猾奸詐聽起來可不是讚揚，不過曹操一點兒都不介意。

不管怎麼説，反正我是大英雄！

東漢末年，朝廷腐敗，天下大亂，皇帝是個只有十幾歲的小男孩，根本控制不了局面。有權勢的大臣、宦官和皇親國戚們忙着爭權奪利，各地軍閥則各自擴張勢力，對朝廷的命令陽奉陰違。野心勃勃的西北軍閥董卓帶兵進入都城洛陽，掌控了政權。他説一不二，手段強硬，手下還有強大的軍隊作後盾，大臣們只好忍氣吞聲，聽他擺佈，誰也不敢有意見。

董卓可沒打算好好管理國家，而是憑着自己的情緒胡作非為，很快整個國家就亂了套。有本事的大人物忍無可忍，紛紛站了出來，起兵討伐不得人心的董卓，曹操就是其中一位。

説真的，在各方勢力當中，曹操家世不是最好的，武功也不是最高的。不過，他足智多謀又能隨機應變，做了很多了不起的大事，其中最重要的就是打敗各路軍閥，統一了中國北方，為以後三國時期魏國的建立奠定了基礎。

曹操的理想不只是要統一北方，而是跟秦始皇一樣……

你是説統一全國嗎？你連愛哭鼻子的劉備都對付不了！

我遇到的對手比你遇到的強大得多！特別是諸葛亮……哼，那傢伙……

下面，曹操將親自給你講述他的故事——應該非常精彩，因為他也很擅長文學。在他的故事裏，你會了解到：

．他曾經是個熱血青年。

．他精通兵法，戰術靈活多變。「說曹操，曹操就到」就是形容他用兵神速。

．他曾經綁架了皇帝。

．至於他的性格——他的老對手劉備這樣評價……

他陰險多疑，手段毒辣，心胸狹窄，斤斤計較！

喂！你說甚麼呢？

曹操開講啦

別小看五色大棒的威力

我是沛國譙縣人——沛國是東漢的一個封國，沛國譙縣就是你們時代的安徽亳州。我的老爸是宦官曹騰的乾兒子，而他本人曾經擔任過太尉，要知道這可是朝廷裏的三公之一。

有這樣的乾爺爺和老爸，我小時候完全過着紈絝子弟的生活——調皮搗蛋，遊手好閒，一會兒一個鬼主意。雖然不是一流高手，但我的武功也還說得過去。唯一能讓我靜下來的事大概就是看書，尤其是兵書和文學書。我最喜歡的一本書是《孫子兵法》，它寫得真的是太棒了。

就這樣，我漸漸長成了一個小伙子。因為家世的關係，我

順利做了官，當上了洛陽北部尉，負責洛陽北部的治安。別看這個官職不大，麻煩事卻有一大堆。洛陽是都城，到處都是皇帝的親戚。他們有權有勢，無法無天，一般人根本惹不起。

不過別擔心，我早就想好了對付他們的辦法。剛一到任，我就命人做了十幾根五色大棒懸掛在衙門口，宣佈無論是誰違反宵禁令（禁止夜間活動），一律用大棒打死，絕不寬恕。

過了不久，就有人公然違反了禁令。那人來頭不小，是皇帝最喜歡的太監蹇碩的叔叔蹇圖。開始，他仗着侄子的權勢氣燄囂張，根本不把我放在眼裏。後來，他發現我要動真格的了，這才慌了，連忙向侄子求助。

不過，儘管有他的大紅人兒侄子求情，我還是毫不留情地把他處死了。這下，再也沒人敢違反禁令了，洛陽的治安好了很多。

那些豪強對我恨之入骨，但是拿我沒辦法——我都是照章辦事嘛。

百姓們都很高興，沒人再敢隨便欺負他們了。

我主持正義、執法嚴格的名聲傳了出去，很多有才華的人跑來跟我做朋友。

挾天子以令諸侯

公元 188 年，皇帝設置了西園八校尉，我被任命為典軍校尉，和其他七個人一起掌控軍權。董卓見我手裏有兵，就想拉攏我跟他合作。我可不想跟他同流合污，於是連夜逃出洛陽，加入了袁紹統領的討董聯軍。

討伐董卓的聯軍由十幾路人馬組成，看起來強大，其實是一群膽小又自私的人。各路軍閥說好一起進攻洛陽，可事到臨頭卻按兵不動，有的想渾水摸魚撈好處，有的吃吃喝喝不思進取，還有的忙着相互吞併擴大勢力。我可不想繼續跟這群人混在一起，於是到青州和兗州一帶四處征戰，壯大實力。

雖然聯軍挺窩囊，但厲害的大將孫堅卻表現英勇，出兵把董卓打敗了。董卓帶着小皇帝跑到長安，結果沒過多久就被大臣王允和大將呂布聯手除掉了。小皇帝趁亂逃回洛陽，不過這時洛陽一片荒涼。皇宮被董卓燒毀了，小皇帝只能住在一個簡陋的房子裏，洗衣服煮飯都要大臣親自動手，日子過得挺窘迫。

當時大家都在忙着打仗——董卓一死，誰都想接替他掌握大權，根本顧不上小皇帝。而我看到了機會……

陛下，天下這麼亂，不如搬家到我的地盤，我來保護你——你可以不答應，但是你沒有別的選擇！

我不動聲色地來到洛陽，把小皇帝帶到了我的地盤上。

公元 196 年，小皇帝從洛陽搬家到許都（後來的河南許昌）。沒錯，雖然表面上客客氣氣的，但事實是我挾持了皇帝。歷史學家們把這件事稱為「挾天子以令諸侯」，意思是通過控制皇帝來指揮大臣和軍閥，達到自己的目的。

說真的，這一招非常高明。從此以後，我無論幹甚麼都理直氣壯。我把自己的意思變成皇帝的命令發佈出去，其他人即使不服氣（他們當然看得出來其實那都是我的主意），也不敢不照辦——拒絕就是違抗皇帝的命令，相當於謀反。雖然皇帝沒威信，但公開謀反一定會成為大家攻擊的目標，所以大多數人還不敢。

和袁紹的官渡大決戰

眼看我佔了大便宜，袁紹別提多眼紅了。最近幾年，他打敗了好幾個強大的對手，佔據了北方的大部份土地。他仗着自己兵精糧足實力強，硬說許都低窪潮濕，不適合居住，邀請皇帝到他的地盤去。我當然不肯放人，於是他就帶領十萬精兵向我發動了進攻。

袁紹進攻了，快把
小皇帝給他好了！

消息傳來，我的手下慌了神，他們都認為雙方實力懸殊，

這一仗我們輸定了。不過，我知道袁紹是個驕傲自大的傢伙，並不擅長帶兵。雖然我只有幾萬人，但每個士兵都英勇善戰，如果戰術用得對，說不定還有獲勝的機會。

手下聽了我的話，重新鼓起士氣，決定跟袁紹決一死戰。

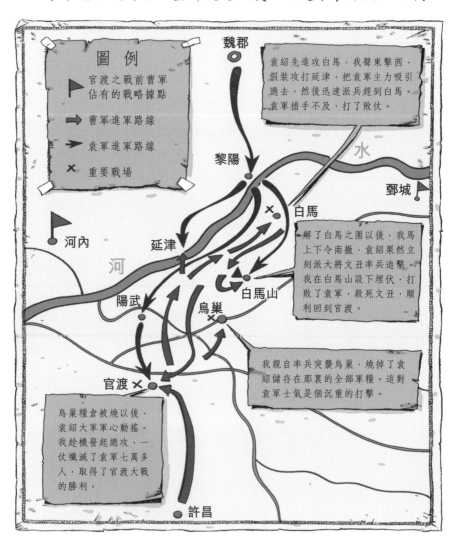

圖 例

官渡之戰前曹軍佔有的戰略據點

曹軍進軍路線

袁軍進軍路線

× 重要戰場

魏郡

袁紹先進攻白馬，我聲東擊西，假裝攻打延津，把袁軍主力吸引過去，然後迅速派兵趕到白馬。袁軍措手不及，打了敗仗。

黎陽

水

鄄城

河內

延津

河

白馬

解了白馬之圍以後，我馬上下令南撤，袁紹果然立刻派大將文醜率兵追擊。我在白馬山設下埋伏，打敗了袁軍，殺死文醜，順利回到官渡。

陽武

烏巢

白馬山

我親自率兵突襲烏巢，燒掉了袁紹儲存在那裏的全部軍糧。這對袁軍士氣是個沉重的打擊。

官渡 ×

烏巢糧倉被燒以後，袁紹大軍軍心動搖。我趁機發起總攻，一仗殲滅了袁軍七萬多人，取得了官渡大戰的勝利。

許昌

我以少勝多，在官渡大戰中大獲全勝。袁紹又急又氣，沒過多久就病死了。

軍閥裏的新老大

　　接下來，我在北方到處征戰，對付袁紹的殘餘勢力和其他小軍閥。我在治軍方面很有心得，比如曾經規定行軍打仗時士兵不許踩踏百姓的莊稼，違反的人得掉腦袋。有一次……

　　如果換成別的將領，一定會裝沒事——他們認為法令都是用來約束手下的，跟自己可沒甚麼關係，但我毫不猶豫地割下了自己的一縷頭髮代替腦袋。要知道，頭髮對我們這個時代的人來説可是頂重要的東西，絕對不能隨便剪。看到我以身作則，士兵們當然也不會隨便違反軍紀。

　　我好幾次頒佈了誠意滿滿的招聘啓事，希望有才華的人都來為我工作。我不需要手下有顯赫的出身，也不介意有誰曾經

為我的敵人賣命，只要有真本事，我一概歡迎。

你大概不認識我，因為在曹丞相重用我之前，我是個沒名氣的平民。

我原來為袁紹辦事，但曹丞相一點兒都不介意，還在官渡大戰中採用了我火燒烏巢的建議！

我原來是董卓和呂布的部下，算是曹丞相的死對頭，不過現在我在曹丞相手下很受重用！

樂進　　　　　許攸　　　　　張遼

我籠絡手下也很有一套。有一次，我發現了幾封自己人寫給袁紹的信，按照規定，私通敵營可是要砍腦袋的。不過，因為人數太多，我就順水推舟，做了一個大人情。

丞相大人，這些人通通該殺！

糟糕！

過去的事就算了，把信拿去燒掉吧，只要以後對我忠誠就行！

另外，我還在自己的地盤上實行了很多有利的政策，比如屯田制（就是鼓勵不打仗的士兵和農民墾種荒地），既解決了軍糧不足的問題，又讓經濟得到了發展。

就這樣，我的力量迅速壯大，手下人才濟濟，兵強馬壯，實力增強了好幾倍。幾年後，我基本統一了北方，成了軍閥裏的新老大。

赤壁大戰的慘痛教訓

現在，天下能跟我抗衡的就只有江東一帶的孫權和湖北一帶的劉備了。為了統一天下，公元 208 年，我帶了 20 萬大軍南下（對外號稱有 80 萬人），打算把他們通通消滅——那時劉備的士兵才不到 3 萬人。

但是，一個厲害的人物在劉備身邊出現了。這個人是諸葛亮，他給劉備出了個主意——聯合孫權一起對抗我。

我上通天文，下曉地理，一個曹操何足掛齒！

孫權被諸葛亮說服，答應跟劉備一起對付我們！

哼，以為聯合起來就是我的對手了？笑話！

我率領大軍來到長江邊，向孫劉聯軍發動了進攻。第一次對戰不是很順利，因為我的士兵大多是北方人，不習慣水戰。於是，我在長江北岸駐紮下來，一邊操練士兵，一邊等待下一

次進攻機會。

過了幾天，孫劉聯軍那邊一個叫黃蓋的大將突然表示要向我投降，帶着 10 艘戰船向長江北岸駛來。誰知就在快要靠岸時，他的戰船着起了大火。

原來，他們只是假裝投降，其實在船上裝滿澆了油的柴草，快靠岸時全部點燃。當時正刮東南風，那 10 艘火船順風燒着了我的戰船。我的戰船都用鐵鏈鎖在一起，一時解不開，於是一艘接一艘都被點着了。火勢很快蔓延到岸上，我的軍營也陷入了一片火海。

　　因為太輕敵，我被孫劉聯軍打敗了。這次戰爭損失慘重，讓我失去了統一天下的機會。全國的形勢發生了變化，三國鼎立的局面漸漸形成。

　　在赤壁大戰之後，曹操又發動了好幾次對劉備和孫權的戰爭，可是都沒能獲勝。公元 220 年，曹操生病死去，他的兒子曹丕繼承了魏王的爵位，但是還不滿足，於是在當年秋天廢掉了東漢的皇帝，自己稱帝，建立了魏國。

　　漢朝就這樣結束了，三國時代正式開始。雖然曹操自始至終都沒當皇帝，但他對三國鼎立局面的形成起了舉足輕重的作用。當然，他本人可並不為此而高興……

一想起來就生氣，我本來是打算統一天下的！

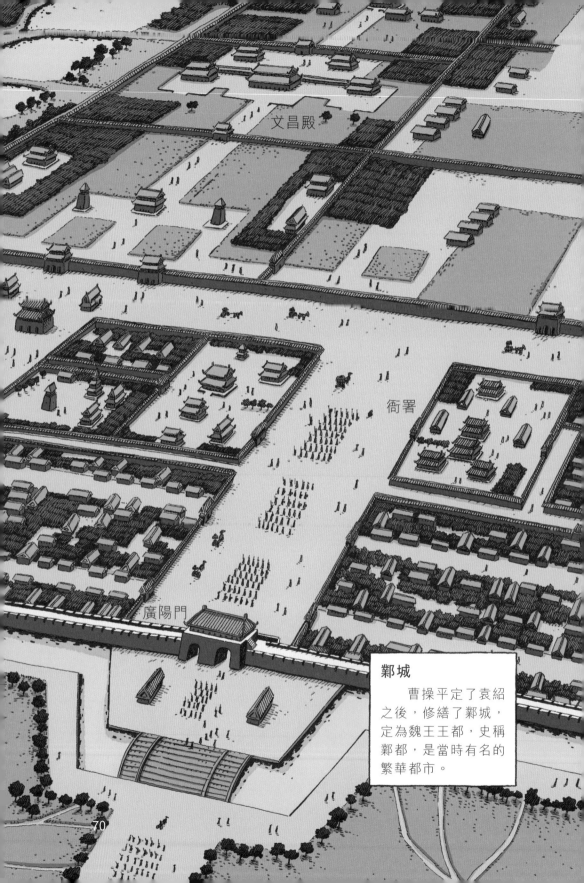

文昌殿

衙署

廣陽門

鄴城

　　曹操平定了袁紹之後，修繕了鄴城，定為魏王王都，史稱鄴都，是當時有名的繁華都市。

知識鏈接

銅雀台

　　曹操在鄴城的西北建了銅雀台，這座台式建築氣勢恢宏，威武雄壯，樓台建築飛閣重檐，亭台軒榭十分美觀。

　　東漢末年，北方很多文學家，例如王粲、劉楨、陳琳、徐幹、蔡文姬（女）等，曾聚集在銅雀台上吟詠作賦。

王羲之

書法界的聖人

說起書法，它是寫字。但是，寫字可不都是書法。在書法中，無論是起筆、運筆，還是結構、佈局都大有學問。許多人會把寫好的字裝裱起來，當作藝術品掛在家裏，像畫一樣欣賞。

還可以升值喲！

中國古代有很多了不起的大書法家，比如擅長寫楷書的顏真卿和柳公權……

我們的楷書被公認為是最標準、最好看的。

你們的毛筆字帖上還印着我們的書法呢！

顏真卿　　　柳公權

再比如，擅長寫草書的張旭和懷素——草書乍一看亂七八糟的，但仔細欣賞的話，其實又酷又瀟灑。

懷素　　張旭

蘇軾、黃庭堅、米芾和蔡襄號稱「行書四大家」。行書不像楷書那麼工整，也不像草書那麼隨心所欲。

蘇軾　　黃庭堅　　米芾　　蔡襄

有好幾位皇帝都是書法迷，比如宋徽宗——他的書法可比

他治國的本事強多了。

　　要説所有大書法家裏誰寫得最好，大概要算東晉時期的王羲之（303—361）了，因為他可是被稱為「書聖」的大人物。順便説一句，他的兒子王獻之也是一位大名鼎鼎的書法家，甚至有人認為他的水平超過了他的父親。

王羲之　　　　　　　　　　　　　　　王獻之

　　王羲之吸收各種書法的長處，經過融會貫通，獨創出自己的字體。他寫的《蘭亭序》被認為是天下第一行書，實在棒得要命。據説唐太宗（他也是一位書法愛好者）對《蘭亭序》十分珍愛……

後來，唐太宗真的把《蘭亭序》帶進了自己的豪華大陵墓，所以我們現在看到的《蘭亭序》都是臨摹本——即使是臨摹本，也已經夠精彩的了。

接下來要講的就是這位大書法家的故事，你會看到：

・他曾經拿饅頭蘸墨汁吃下肚。

・他無意中娶了一位好太太。

・他對兒子的教育方法蠻特別。

・他是怎麼寫下了不起的《蘭亭序》的。

王羲之開講啦

練熟和熟練

我來自大名鼎鼎的琅琊王氏，父母本來和家人一起在北方生活。西晉末年，北方的少數民族部落趁中原政局不穩南下入侵，晉軍連戰連敗，都城洛陽被匈奴軍隊攻陷，就連皇帝都被匈奴人抓走了。

為了躲避戰亂，北方掀起了一股移民潮，有權勢的大家族紛紛往富饒安定的南方搬家，我家就是第一批移民。我的堂伯

父王導和王敦輔佐司馬睿在長江以南建立了一個新政權（原來的皇帝當了俘虜），這就是東晉的開始。所以你瞧，我們王氏家族在朝廷裏的地位頂重要。

我的老爸是個武將，一直在江南一帶當地方官。後來，北方的戰事越來越激烈，有一年，他奉命率軍北上作戰，結果全軍覆沒，從此再也沒了消息——這可真令人難過。不過在叔叔伯伯們的照料下，我家的日子還是過得挺舒服，甚麼都不缺。

叔叔王廙是我的老師。他不僅擅長書法和繪畫，對音樂、騎射、下棋也很精通，甚至連雜技也懂一點。不過，我還是最喜歡跟他學書法，十幾歲時我已經寫得像模像樣了，附近的書法名家都誇我有天份。

讚揚的話聽得多了，我忍不住有點兒驕傲。有一天，我路過一個小巷，看到一家餃子店人聲鼎沸，非常熱鬧。

這麼多人吃，味道一定不錯，我也來嚐嚐吧。

我走進店裏，要了一碗餃子。餃子很快端上來了，一個個玲瓏精巧，就像戲水的天鵝，而且味道棒極了。

我很好奇，想看看是誰包出了這樣的餃子，就來到小店的廚房。原來，店主是一位白髮蒼蒼的老奶奶，她正坐在案板前，一邊擀皮一邊包餃子，動作熟練又麻利。每包好一個餃子，她就隨手向身後一扔，只見餃子一個接一個不偏不倚正好落進大鍋裏。

聽了老奶奶的話，我再也不敢驕傲了，從此更加刻苦地練字，一天都不偷懶。

太尉大人選中了露肚皮的女婿

長大以後，因為家世背景，我順利做了官，官職是右軍將軍（雖然叫將軍，其實是個文官），人稱「王右軍」。

那時，我的堂伯父王導在朝廷裏擔任宰相，跟太尉郗鑒是好朋友（太尉是相當了不起的大官）。郗大人有個漂亮又有才華的女兒，想在王家的小伙子裏選一個當女婿。

當太尉大人的女婿可是一件風光的大好事，兄弟們聽說這個消息，個個精心打扮，希望被選上，只有我躺在東廂房的床上專心琢磨書法，根本沒注意郗大人來了，就連衣襟敞開露出了肚皮都沒感覺到。

就這樣，我娶了一位好太太。有一次，我聚精會神地練字，連吃飯都忘記了。太太給我端來一盤熱騰騰的饅頭和一碗醬，催我趁熱拿饅頭蘸醬吃……

幾年以後，我的字寫得更好了。有一次，皇帝要到北郊祭祀，讓我把祭詞寫在一塊木板上，再派工人雕刻。刻字工匠拿到木板，削了一層又一層，足足削到三分深度墨跡才消失。他說我筆力雄勁，筆鋒力度入木三分——後來「入木三分」變成了一個成語，用來比喻見解深刻又透徹。

這個故事說明我功力深厚，因為我總是不停地練字，就連吃飯走路的時間都不放過。有時身邊沒有紙筆，我就用手在衣服上畫寫，所以我的衣服總是破破爛爛的。

只有一點寫得像

　　介紹一下，這個讓我教他寫字的小伙兒是我的兒子王獻之。他很小就開始學書法，現在已經小有名氣了。大家的稱讚讓他既得意又驕傲（就像我年輕的時候也驕傲過一樣），總覺得自己差不多就要超過我了。

　　聽了我的話，他心裏很不服氣，又認真練了幾年，把一大堆寫好的字給我看。我一張張掀過去，一個勁兒地搖頭，一直到看到一個「大」字才滿意。我隨手在「大」字下面點了一個點，然後把字稿還給了他。

　　獻之又生氣又委屈，拿着字稿去找他的老媽鑒賞。太太看

了，指着我在「大」字下面加的點，説只有這個點跟我的水平差不多。獻之頓時洩了氣，只好打起精神繼續練習。

哈，激將法成功！

這小子還真肯下功夫，竟然真的用光了院子裏的 18 缸水。這時再看他的字……

好字！果然進步多了！

還有一次，我跟獻之一起到一間寺廟遊覽，在那之前我多喝了幾杯，就趁着酒意在寺廟的一面牆壁上奮筆疾書，寫下了一首詩。寫完以後，我們就回家了。

大家都誇老爸的字好，我冒充老爸接着寫，誰也看不出來！

唉，看來昨天真是喝醉了，字寫得可真難看。

原來我離老爸的水平還遠呢！

因為這件事，獻之練字更刻苦了，不過事實上……

其實我一眼就看出那字是獻之寫的，我是故意那麼說的！

老爸，您真狡猾！

作為書法家最值得高興的時刻

年紀大了以後，我辭了官職，提前退休，每天在家釣魚養花，賦詩作畫，還動不動就出門遊山玩水，日子過得挺自在。

有一天，我和獻之一起坐船旅行，半路看到岸邊有一群大白鵝，走起路來搖搖擺擺，有趣極了。我越看越喜歡，忍不住想把這群鵝買回家去。牠們的主人是住在附近的道士，我問他賣多少錢，他認出我是王羲之，就開出條件說要我給他抄錄一卷道家的經書。

我實在太想得到這群大白鵝了，就當場寫了經書給他。

老爸，這可不合算，您的字可是一字千金啊！買下全國的鵝也用不着抄經書吧！這個道士賺大了！

這群鵝的姿態能給我執筆和運筆的靈感！一部經書換靈感，這很值得！

好吧好吧，隨便您。

東晉有個風俗，就是每年農曆三月初三，人們都要到河邊走走玩玩賞春景。公元353年的一天，我和很多文人朋友到蘭亭的河邊遊覽聚餐。大家一邊喝酒一邊作詩，玩得非常盡興。作完詩後，大家把詩收集起來，合成了一本《蘭亭集》。

老王，你來寫一篇序文吧！

當時我已經有點兒醉了，就拿起毛筆在紙上揮灑起來——沒錯，我寫下的就是你聽說過的《蘭亭序》。《蘭亭序》一共有324個字，記錄了大家聚在一起賞景吟詩的情景。說真的，它是我一生最好的書法作品，文章清新優美，書法遒美飄逸，其中的二十多個「之」字寫法各不相同，就連我自己看了都覺得很得意。

這大概就是作為書法家最值得高興的時刻吧。

王羲之和他的兒子王獻之後來被合稱為「二王」，被公認為兩位最了不起的大書法家。他們有各自的粉絲，這在開篇就說過了，王羲之的超級粉絲是唐太宗，唐太宗甚至號召天下所有人都臨摹王羲之的字。

王獻之的忠實粉絲則是大名鼎鼎的書法家米芾——嗯，就是擅長寫行書的那一位。

最後，這兩位書法界的大人物之間似乎還有話要說……

知識鏈接

毛筆

　　源於中國的傳統書寫和繪畫工具。一般的毛筆筆管用竹子製作，而筆頭用的則是動物毛，例如羊毛、狼毛、兔毛等。

宣紙

　　由於出產地在安徽的宣城附近，所以人們稱這種紙為宣紙。宣紙潔白、細密、均勻、柔軟，書法、繪畫用再合適不過了。

硯台

　　被稱為「文房四寶」之首，墨要放在硯台裏加水研磨成墨汁才能用。

書法

　　書法簡單來説就是寫字的方法。書法家們追求把字寫得好看，所以書法就成了一門藝術。

墨

是做成墨錠的黑色顏料——還沒研磨之前，墨是固體，而不是液體。

大書法家們對用墨都十分講究。名貴的墨，有的加入了香料和中藥，還有的加入了黃金，所以不但色澤黑潤，而且香氣濃郁，保存幾十年仍然可以使用。

祖冲之

計算圓周率的大數學家

提起中國南北朝時期的大數學家祖沖之（429—500），他們説……

他會計算圓周率？我只記得他做的指南車很不錯。

皇帝

這個狂妄的傢伙總是跟我過不去！

大臣戴法興

太可怕了，他毀掉了一整片竹林！

環保主義者

祖沖之的確做過指南車，也曾經跟那位戴大人有過節，至於毀掉竹林，其實沒那麼誇張，他只是砍了幾根竹子，而且這件事跟圓周率有關。

不明白？別着急，繼續往下看。

要説祖沖之的成就，首先就要提到圓周率。你可別小看圓

周率，凡是涉及到圓的問題，通常都要用到它，比如……

　　瞧，就是這樣。

　　說起來，祖沖之並不是第一個計算圓周率的人。大概是在公元前 225 年，阿基米德（你認識他，對吧）算出圓周率是 3.14。中國魏晉時期的數學家劉徽也做過這方面的研究，得數是 3.1416，而且他還創立了計算圓周率的方法。

　　祖沖之的偉大之處在於把圓周率計算到了小數點以後第七位——嗯，就是我們熟悉的 3.1415926 和 3.1415927。這個紀錄一直保持了一千多年才被打破。這是一件很了不起的事，要知道，那時沒有電腦，沒有計算器，沒有算盤，甚至中國連阿拉伯數字都沒有！

　　他和父親把研究數學的成果寫成了一本叫《綴術》的書，可惜裏面並沒有記下他是怎麼算出圓周率的，大概他覺得那對一般人來說實在太難了吧。但這並不影響《綴術》成為唐朝的數學課本，數學考試的大部份題目都從這本書裏出。

如果他能一直活到唐朝，大概會收到一筆巨額稿費吧……

祖沖之對天文學也很精通。他編制了一套名叫《大明曆》的新曆法，不過在推廣時遇到了一點兒小麻煩。

接下來就是這位大人物的故事，由祖沖之本人親自講述。在故事裏你會看到：

· 和其他讀書人不太一樣，他總是對書本抱懷疑的態度。
· 他曾經搞砸了一場隆重的生日宴會。
· 他和那位反對新曆法的戴大人進行過一場激烈的辯論。
· 他計算圓周率的過程困難極了。

祖沖之開講啦

如果看到書裏寫天是紅色的

　　我出生在建康，也就是你們現在所說的南京。我的爺爺是朝廷裏負責管理土木工程的官員，老爸雖然沒擔任甚麼官職，但因為學識淵博，經常受邀參加宮廷的典禮和宴會。

　　我從小就受到了良好的家庭教育，老爸教我讀經書典籍，爺爺給我講斗轉星移之類的事——他是個天文學愛好者。在他們的影響下，我對各種知識都興趣濃厚，尤其是天文學，我一直堅持天文觀測，一天都沒落下過。

　　我家有個大書房——對，就是這裏。

我沒進過學校，不過在這個書房裏我讀了很多書，它們可比枯燥的教科書有趣多了。

就這樣，我學到的知識越來越多，變成了一個博學多才的小伙子。26歲那年，皇帝給了我一張聘用合同，讓我去華林學省做研究工作。華林學省是朝廷專屬的學術機構，聚集着很多大學問家，而且藏書比我家的書房豐富好幾百倍——我對這份工作簡直太滿意了。

我一本接一本地看個不停，無論對天文、曆法還是算學方面的書籍都很感興趣。讀書時，無論作者名氣有多大，我都會認真思考他講的有沒有道理。我的同事們呢，似乎有點兒盲目迷信書上的話……

我可不是那種只會背書不會思考的書呆子。書上寫的不一定都對，我認為自己看到的才是真的。因為這樣，我愛上了動手做實驗，無論甚麼都要進行精密的測量和仔細的推算。不迷信權威，勇敢去嘗試，總會讓人有所收穫。

生日宴會上的天狗吃月亮

漸漸地，我成了華林學省裏學問最大的人。朝廷裏那些喜歡附庸風雅的大臣紛紛請我喝茶看戲吃飯，希望跟我交朋友，就連最有權勢的大臣戴法興戴大人也不例外。

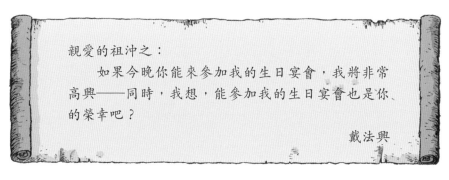

親愛的祖沖之：

　　如果今晚你能來參加我的生日宴會，我將非常高興——同時，我想，能參加我的生日宴會也是你的榮幸吧？

戴法興

　　戴大人的生日宴會辦得很隆重，王公大臣和各界名流都來給他祝壽。客人們一邊喝酒聊天，一邊欣賞歌舞，只有我看著月亮，心不在焉。

　　事實上，我預測當晚會發生月食。如果你知道一個叫張衡的人，你會記得他說過月亮本身並不發光，它看起來很亮是因為它反射了太陽光的緣故——的確是這樣。如果月亮剛好移動到地球背面，陽光被地球擋住，那它看起來就像缺了一塊，甚至是整個消失，這就是月食啦。

　　你瞧，月食是一種特殊的天文現象。可是在我生活的年代，大多數人不懂得月食的道理，認為那代表會有不好的事情發生，所以聽到將發生月食的消息，生日宴會上的人都很驚慌。

甚麼？月食？要發生甚麼災難了吧！

快回家躲躲吧，被天狗吃掉可不得了！

洩露天機，祖沖之不怕上天降罪嗎？

　　大家議論紛紛，亂成一片。戴大人覺得挺沒面子……

我和戴大人吵了起來，好好的一場生日宴會就這麼被搞砸了。一時間，氣氛緊張極了。就在這時，月食開始了。

新舊曆法辯論大會

幾年以後，我做了官，不過仍然繼續着研究工作。有段時間，我發現全國正在使用的曆法《元嘉曆》並不準確。

曆法是記錄年月日的方法，我們那時流行農曆，並不像你們那樣使用公元紀年。百姓們要按照曆法上的節氣播種、耕種和收割，所以一部準確的曆法對他們來說實在太重要了。

既然舊曆法不準確，那不如我來編一部新的。編曆法需要

豐富的天文學知識，你知道，我正好精通天文。幾個月後，我的《大明曆》編好了。我請皇帝在全國推廣新曆法，可是一些思想保守的大臣強烈反對。

　　站在最前面嚷得最兇的那位就是戴大人啦。本來以為皇帝能主持公道，但他根本就不懂曆法，而且沒有主見，一會兒覺得我說的對，一會兒又認為戴大人他們更有道理。他猶豫不決，最後命令我和戴大人舉行一場辯論會，誰贏了聽誰的。

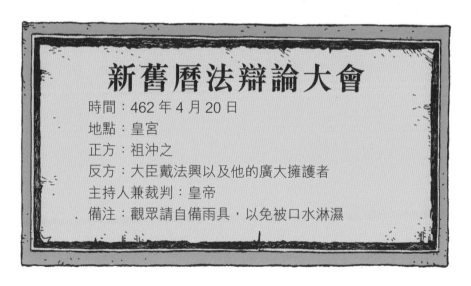

辯論會那天終於到了。氣氛非常緊張，滿朝文武大臣誰也不敢說話。戴大人擺出一副權威的樣子，氣勢洶洶。

古代聖人編制的曆法，你隨隨便便就要改掉它？你到底有甚麼根據？

我拿出厚厚的幾大本天文記錄（開頭說過了，我每天都進行天文觀測），用數據證明我編制的曆法比舊曆法更準確。這下，驕傲專橫的戴大人理屈詞窮，沒辦法繼續狡辯了。

外行人！

祖沖之勝！

這次辯論會被大家評論為芝麻官打敗當朝權貴，事實上，我從不相信位高權重的人說的話就是對的，我只相信真理。我也並不懼怕權威，我只有在高深的學問面前才感到敬畏。

不久，我出版了新書《駁議》，在書裏詳細記載了這次辯論的全過程——包括戴大人的愚蠢和我的精彩表現。它很快成了當時的超級暢銷書。

新曆法實行以後，大家發現它果然比以前的曆法更好用。

大家漸漸忘記了辯論的事，除了……

關於圓周率的超級計算

因為得罪了戴大人，不久後我被罷了官。這對我來說完全沒關係，因為……

在家裏待着沒事做，我決定計算圓周率試試。

首先，我需要很多算籌。算籌是用竹子做成的小竹棍，要知道，這時候中國還沒有阿拉伯數字，也沒有算盤，一切加減乘除運算全靠用小竹棍擺來擺去完成。毫不誇張地說，這比繡花還需要耐心。

如果是一般的數學問題，其實用不了多少算籌。不過現在我要算的是圓周率，我想至少得用這麼多……

我在地上畫了一個大圓，開始計算。計算過程非常複雜，我得在圓裏跳進跳出——嗯，看起來還蠻像一位武功高手的。

擺在個位的算籌有一根被碰到了十位上……

一陣大風把地上擺好的算籌吹亂了……

因為實在太累，就在滿地算籌中睡着了……

這是甚麼鬼結果？差了十萬八千里！

結果沒記下來，重新算要好幾個月！

天啊，我剛才算到哪兒了……

這類事不知道發生過多少次，但我從沒想過放棄。終於，我算出了更精確的圓周率。

你也看到了，我的太太脾氣有點兒暴躁，我得跟她回去了。

除了是數學家，祖沖之還是出色的天文學家和機械學家。在天文學方面，他對行星在天空的運行軌道和運行週期進行了更精確的觀測和推算。作為機械學家，他設計製造過指南車、千里船、定時器等又好玩又好用的東西。

另外，他還精通音律，擅長下棋，還寫過一部名叫《述異記》的小說……

知識鏈接

算籌

　　算籌是古代人的計算工具，用算籌計算數學問題的方法一直延用了近二千年。算籌其實就是一些小棍，最初用樹枝做成，後來用竹棍，也有用象牙製成的高級算籌——無論用甚麼材質的，計算出來的結果都是一樣的。

算盤

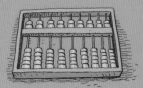

算盤是古代人在長期運用算籌的基礎上發明出來的，到現在至少有一千年的歷史了。

李世民
大唐盛世的締造者

自從李世民當上了皇帝，很多國家的人都議論紛紛……

儘管他是我們的敵人，但我不得不說，他把國家治理得不賴！

阿拉伯人

我明天就要去長安出差了！我已經拿到了大唐的簽證！

高句麗人

誰能給我弄到一個大唐戶口，我願意用全部家產交換！

歐洲人

你可以一路向東，總有一天能抵達大唐的邊境。

印度人

唐太宗李世民（599—649）是唐朝的第二位皇帝。當歐洲還停留在中世紀的黑暗和混戰中時，他已經把中國變成了當時全世界最美好的地方。在他的統治下，中國開始了歷史上鼎盛的時代——貞觀之治。

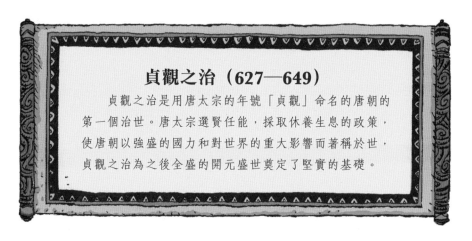

貞觀之治（627—649）

貞觀之治是用唐太宗的年號「貞觀」命名的唐朝的第一個治世。唐太宗選賢任能，採取休養生息的政策，使唐朝以強盛的國力和對世界的重大影響而著稱於世，貞觀之治為之後全盛的開元盛世奠定了堅實的基礎。

很多外國人慕名來到大唐——有各國使者來訪問，有整團留學生來學習，還有數不清的商人來做生意。如果你想了解那到底是個怎樣的盛世，一定要到大唐的都城長安看一看。長安是個有 100 萬人口的超級大都市，當時全世界沒有哪兒比這兒更繁華、更國際化。

長安城外國人口幸福指數調查報告

結論：長安城裏接受調查的有粗獷高大的突厥人，身材袖珍的日本人，鼻子高高、說話舌頭打卷的大食人，藍眼睛的波斯人，頭髮鬈曲、臉帶高原紅的吐蕃人，皮膚黝黑的非洲人。在這裏，人們信仰自由，互相尊重，具有極強的存在感和超高的幸福指數。大家的笑容就是這個偉大時代的最好證明。

　　沒錯，李世民在治國方面的確是個天才。另外，他還是個
出色的軍事家。他征戰四方，既解除了外來威脅，又拓展了大
唐的疆域。當然，他可不是只會用武力解決問題，他把文成公

主嫁到吐蕃，並放心地任用少數民族人才做大官。事實證明，他的對外政策非常成功，附近的少數民族部落都支持他，擁戴他，尊稱他為「天可汗」，意思是天下所有人的皇帝——這可是至高無上的榮譽。

下面就是這位了不起的皇帝陛下的故事，你會看到：

· 他對唐朝的建立有至關重要的作用。

· 他幾乎每場戰爭都能打贏。

· 他通過一次驚心動魄的兵變登上了皇位。

· 他有一群非常能幹的大臣。

· 他很大度，有個叫魏徵的傢伙曾經好幾百次指出他的錯誤，如果換成別的皇帝，恐怕魏徵的腦袋早就保不住了。

李世民開講啦

過關斬將，殺向長安

我們李氏家族是個赫赫有名的貴族，據說是東晉時期北方封建割據政權西涼的開國君主李暠的後代。我的爺爺當過大將軍。我的老爸是駐守太原郡的地方官。太原郡在山西省中部，在我生活的年代，這裏是隋朝的北部邊境。

從小我就接受了良好的教育，不僅喜歡作詩、書法，還練

得一身好功夫，尤其擅長
帶兵打仗。漸漸地，我長
成了一個文武雙全的小伙
子。這時，隋朝的統治岌
岌可危，各地的軍閥、豪
強蠢蠢欲動，都打算趁機
幹一番大事。

現在正是奪取天下的好時機！

在我的勸說下，老爸決定起兵推翻隋朝，建立了新政權。
公元 617 年，我和老爸帶領大軍殺向都城長安。我們一路過
關斬將，遇到了很多意想不到的困難——我們的敵人除了隋朝
的軍隊，還有各路跟我們目的一樣的兵馬。面對複雜的形勢，
老爸曾經想過退縮，不過我堅持向前，決不放棄——好在最後
老爸被我說服了。

衝啊！

當年年底，我們佔領了長安。老爸建立了唐朝，當上了皇
帝——他就是你們所說的唐高祖李淵。

不過，目前唐朝的勢力範圍只在長安一帶，四面八方都有
別的政權，自稱皇帝的少說也有六七個人。為了統一全國，我
們又進行了好幾次大戰役，其中有一大半都由我擔任指揮官。

以我從軍多年的經驗來看，他們的援軍到了，快逃命吧！

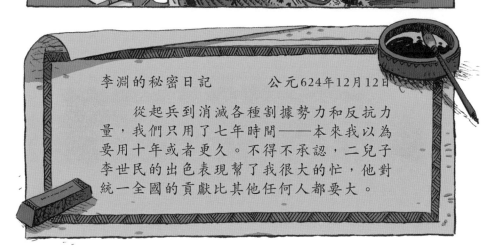

李淵的秘密日記　　　公元624年12月12日

　　從起兵到消滅各種割據勢力和反抗力量，我們只用了七年時間——本來我以為要用十年或者更久。不得不承認，二兒子李世民的出色表現幫了我很大的忙，他對統一全國的貢獻比其他任何人都要大。

驚心動魄的玄武門大血拼

　　雖然老爸在日記裏說我的功勞是最大的，但他還是讓大哥李建成當了太子——畢竟大哥是大兒子嘛，我則被封為秦王。

　　我的手下有一支無堅不摧的軍隊，還有好多厲害的文臣武將，漸漸形成了勢力超強的秦王黨。被搶了風頭的大哥擔心我威脅他的地位，就利用太子的身份爭取支持者，組成了聲勢浩大的太子黨，就連四弟李元吉也站在他那邊。

　　如果是堂堂正正爭皇位，我根本就不怕他，不過他們非要玩陰的，使出了誣陷、下毒、暗殺等各種手段。老爸對這種局

面心知肚明，但是他覺得我們兄弟互相牽制，對他坐穩皇位有好處，所以睜一隻眼閉一隻眼，假裝看不見。

公元 626 年的一天，我得到密報說大哥和四弟打算在一宴會上安排伏兵，把我和我的親信一網打盡。我決定先發制人，發動政變。

政變日期定在六月初四，因為我知道這天一早大哥和四弟會一起進宮。凌晨，我帶領最信任的部將以及幾百名忠心耿耿的士兵來到玄武門埋伏起來。

天漸漸亮了，一陣馬蹄聲打破了周圍的寧靜……

我和四弟騎馬來到玄武門，突然一枝箭射了過來，沒錯，兇手就是李世民！

李建成

太子黨聽到消息立刻趕來，跟我在玄武門外展開了一場激烈的戰鬥。我成功控制了局面，射殺了李建成，四弟李元吉也在戰鬥中被殺了。最後，我來到皇宮，把這件事告訴了老爸。反正事情已經發生了，老爸沒有別的選擇，只能這麼說……

李世民實在太出色了，是最合適的繼任者，至於玄武門的事……抱歉，對此我沒甚麼可說的。

老爸知趣地退了位，我當上了皇帝。很多人都說我殺死兄弟實在太殘忍，但我並不這麼看……

那是一個迫不得已的決定，我不想傷害任何人，可我首先要保護自己。

唐太宗的明星大臣團隊

現在，你們得叫我皇帝陛下了，或者按照你們的習慣，叫我唐太宗也行。雖然這個稱呼聽上去老氣橫秋的，但事實上我當皇帝時還不到 30 歲，正是大展拳腳的好時候。

首先，我組建了一支明星大臣團隊，成員除了以前的親信，還有很多出身平民的才子、少數民族將領以及過去的政敵。我並不要求他們全面發展，而是根據他們的特長把每個人安排到最適合的位置上。大家優勢互補，辦事效率超高，很快制定出一系列合理的制度和有效的政策。

我給了大臣們很大的權力，恩准他們可以隨時糾正我的錯誤，這樣就能避免我在心血來潮或心情不好的時候做出錯誤的決定（儘管這種時候並不多）。

我下的命令，如果你們認為是錯的，可以拒絕執行。

假如您保證不砍掉我的腦袋，我樂意照辦。

對於他們的意見，大多數我都能虛心接受——雖然有時我的確被氣得七竅生煙。

這個叫魏徵的傢伙意見最多，動不動就揪住我的過錯說個不停，而且語氣一點兒都不委婉，總是讓我在大家面前丟面子。不過我得承認，有他監督，我這個皇帝才能當得更英明。所以我多半會壓下怒火，收起皇帝威風，乖乖聽他的話。

因為能聽取意見，大臣們都喜歡把他們的想法告訴我，這些想法中有很多好點子，這麼一來，我這個皇帝當得就容易多了。我們齊心協力，只用幾年時間就扭轉了唐朝初年的蕭條局面，讓百姓過上了安定的生活，國家也越來越繁榮了。

光芒萬丈的天可汗

別以為我允許大臣們給我提意見就代表我對他們放縱，事實上，我非常注重法治，無論是誰犯法，我都絕不寬恕，就算是我的親戚和最喜歡的大臣也不行。

不過，雖然我在執法時鐵面無私，但是量刑時我會反覆思考，特別謹慎。我規定死刑必須經過三至五次複審，獲得批准後才能執行——即使放到你們那個時代，這也是一種人性化的措施。

在我統治期間，大唐治安良好。因為幾乎沒有盜賊，百姓們睡覺時甚至不用關門。

中國歷史上死刑最少的時期

公元632年，全國的死刑犯只有290名。他們接到通知說可以回家過年，等到第二年秋天再回來接受法律的制裁。對此，有人表示擔憂。

> 他們肯定會找一條船，來一場集體大逃亡！

> 也許還會發動叛亂！

結果他們沒有一個人逃跑，全都準時回來。

一切走上了正軌以後，我開始向外擴張，對付四面八方不肯臣服的鄰居。首先，我出兵打敗了強大的東突厥和薛延陀，接着又征服了吐谷渾、高昌、西突厥、高句麗、焉耆、龜茲。

通過一系列軍事行動，大唐疆域向西深入到西域，向北擴展到大漠，周圍的小國和部落紛紛臣服，天可汗名副其實，光芒萬丈。

李世民在皇帝的位置上一共坐了二十三年，經過他的治理，大唐疆域遼闊，國力強盛。直到現在，其他國家中國人聚居的地方被稱為唐人街，就是因為那時的唐朝給全世界留下了深刻的印象。

如果應聘成功，就能留在這裏生活啦！

最後要説的是，這位有着輝煌政績的大人物是許多人的偶像，他的粉絲甚至包括好幾位和他同樣有名的皇帝，比如下面這幾位……

他是我學習的好榜樣，我每天都看他寫的《帝範》，從那裏面學到了很多治國的好方法。

宋太祖趙匡胤

不得不承認他是個了不起的皇帝。不過，他甚麼都好，就是對大臣有點兒太仁慈了。

明太祖朱元璋

雖然我做了六十一年皇帝，但是我的成就還是比不上他的。請允許我向他致敬！

清聖祖康熙皇帝

知識鏈接

裝甲騎兵

　　唐太宗李世民作為一位偉大的軍事家，半生縱橫馳騁，南征北戰，他有一個秘密武器，就是裝甲騎兵。這些騎兵和戰馬身上都披着很厚的盔甲。其中騎兵穿的是突厥風格的長袍，上面綴滿薄片鎧甲，現在已經出土的文物證明，那是被漆成黑色或者紅色的皮甲片。

治軍思想

　　李世民注重軍隊建設，整頓、完善了府兵制度，加強軍事訓練，最重要的是他重視人才的培養和使用，能做到捨短取長，賞罰分明，對待少數民族將領也能完全信任。

囤積糧草

糧食是一種很重要的戰略物資，囤糧食是為了解決士兵的吃飯問題，囤草則是為了解決馬吃飯的問題。「兵馬未動，糧草先行」，英明的軍事家總是把積草囤糧當成一項重要任務。

練兵

李世民在當皇帝以前就是一名了不起的統帥，當上皇帝以後，他更是勤於練兵。他親自對士兵進行考試，其中表現優秀的會升職並受到獎賞。經過幾年的訓練，每個士兵都武藝精良，有一些還成為出色的將領，這讓李世民的軍隊變得非常強大。

沈括

古代中國的全能科學家

　　說起古代中國的全能科學家，恐怕沒人能比得上北宋的沈括（1031—1095）。

你瞧，他似乎各方面知識都懂，而且非常精通。

你們在説誰？
他嗎？

沈括的成就似乎很難一下子説完。首先，他是個天文愛好者。為了弄清楚北極星的準確位置和運動規律，他畫了二百多幅星空圖。恰好，他還懂得機械製造，於是順便改進了一下觀測天文用的渾天儀，讓它變得更好用。

修儀器對我來説根本就是小意思！

他還創造了一種名叫《十二氣曆》的新曆法，跟我們現在用的陽曆差不多，非常先進。可惜當時的人們很難接受……

甚麼？這個月30天，下個月31天？這算甚麼嘛！

他還是個地圖專家，用十幾年的時間編繪完成了全國地圖《天下州縣圖》。全套地圖共有 20 幅，包括全國總圖和各地

區分圖，每幅圖都又大又詳細，內容非常豐富。

接下來要說的跟科學無關，不過也挺特別。沈括有一位兇悍的太太，以至於他經常被打得鼻青臉腫，有好幾次甚至連鬍子都被揪掉了。

好曬……

甚麼時候才讓回家？

好疼！

即使這樣，沈括也很愛他的太太，他太太去世後，沈括因為太思念她，差點兒想不開自殺——這讓我們實在有點兒難理解，不過大人物的想法也許就是這麼特別。

下面就是這位無所不知的科學達人的故事，你會了解到：

・他曾經為了一句詩爬上一座山。

・他經常出入酒館。

・他辭退了一大堆同事。

・皇帝只肯聽他勸諫。

沈括開講啦

到山上看桃花

我出生在浙江錢塘的一個大家族，老爸先後在四川、福建、河南、江蘇等地當地方官。每次他工作有調動，我們全家就會跟著搬一次家，所以我到過很多地方。我喜歡旅行，既能長見

識，又能學知識。

　　說到學知識，我沒上過學，不過我家有很多藏書，每次搬家，老爸都會把藏書全帶上。小時候我常常鑽進書房，一看就是一整天。無論文學書、數學書還是地理學著作我都喜歡，就連醫學和兵法也認真研究過。

　　大概因為這些原因，我顯得比同齡的其他小朋友聰明一點兒——真的，我沒吹牛。不過我有個倔脾氣，遇到不懂的事不弄明白絕不罷休。

　　我的老媽學問也不差，詩詞歌賦樣樣難不倒她。記得有一年春天，老媽看到院子裏的桃花紛紛落下來，就說要教我一首關於桃花的詩——她一向傷春悲秋。

　　人間的花都凋謝了，山上的花怎麼會剛剛開放？是詩人寫錯了，還是有他的理由？

不行，我得去山上看看！

瞧，倔脾氣又來啦！

　　我來到城外的一座大山下，用了半天時間爬到山頂上。這裏的風景可真美，漫山遍野的桃花即將綻放。一陣涼風吹來，凍得我瑟瑟發抖。原來，山上的溫度比山下低，所以花期就要晚一些——詩裏說的一點兒沒錯。

　　你瞧，真想弄明白一件事，就得有點兒倔脾氣才行，這才是做學問的態度。

每天去酒館的人並不是個酒鬼

　　長大以後，我和老爸一樣做了官，第一份工作是沭陽縣主簿，也就是縣令助理啦。

　　沭陽縣有條大河叫沭河。沭河每到雨季就氾濫，河水常常漫過河堤，沖毀百姓的房屋和田地。於是，我根據地勢開鑿水渠，引導河水，不僅解除了水災威脅，還開墾出一大片肥沃的田地。而且，用水渠引來的沭河水還能用來灌溉農田，真是一舉多得。

　　漸漸地，我成了遠近聞名的水利專家，不僅連升好幾次職，還通過了科舉考試，到揚州工作了一陣子。在揚州的那段時間我迷上了數學，根本沒心思理會別的事——包括上司淮南路轉運使張芻張大人想把他的女兒嫁給我。

有一次，有個同事向張大人打我的小報告⋯⋯

張大人，沈括那傢伙每天下班都去酒館，肯定有酗酒的壞習慣！

本來我看他才華出眾、辦事認真，還想把女兒嫁給他，沒想到他竟然是個酒鬼！

張大人想來想去，決定親自來我家看看。一天晚上，他突然到訪，當時我正在家裏擺弄酒杯，他看到酒杯，臉色變得很難看。

聽說你經常去酒館，原來真是個酒鬼啊！

我是常去酒館沒錯，不過可不是去喝酒的⋯⋯

瞧，這樣擺放，杯子之間會出現空隙。我是在想辦法計算這些空隙的體積，這叫隙積術。

張大人雖然不太明白我的話，但他好歹聽懂了這是數學問題，於是，他高興起來，沒過多久就把女兒許配給了我。

年輕人愛研究，精神可嘉！

就這樣，我娶到了一位太太，她很兇，但我還是很愛她。

更丟臉的是所有男人都不會

在岳父大人的推薦下，我調任到都城，當上了司天監，負責觀測天象，推算曆法。我很喜歡這份工作，不過天文和曆法都要用到很深奧的數學知識，其中有很多我都不明白，於是去請教數學家胡淑修。說起來，這件事本來也沒甚麼，但是……這並不是一位胡先生，而是一位胡女士。

在我生活的年代，男人可是很瞧不起女人的，大多數男人都覺得女人甚麼都不懂，只配待在家裏做家務。

你可真丟我們男人的臉！

是啊，真丟臉。不過更丟臉的是，這個問題所有男人都不會！

只要能解開心裏的疑問，向誰請教都不要緊。然而，我的同事們可不這麼想，他們不僅對天文曆法一竅不通，還總在一

邊說風涼話。於是，我請求上級把他們通通辭退了。

　　他們對此滿肚子意見，不過我可沒空理會。我還有更重要的事情要做，比如改進渾天儀、編制新曆法之類的。光是為了計算出北極星的準確位置，我就足足忙了三個月。

第一個月……　　　　第二個月……　　　　第三個月……

因為睡眠不足，三個月以後我變成了這副模樣……

我得到了想要的數據，不過，被辭退的那些人卻說……

我始終認為，如果不認真做，幹甚麼都不會成功。

根據小道消息，他們幾個後來很長時間
都沒找到工作！

徵用大車上戰場可不是個好主意

因為工作認真，表現出色，我的官越做越大，就連皇帝都
很信任我。

有一年，大宋跟北方的遼國因為邊界問題發生了衝突，
皇帝派人去跟他們談判了好幾次都沒有結果。局勢驟然緊張
起來，幾乎就要開戰了。一天，皇帝突然下了一道命令，讓
各戶居民在三天之內去衙門登記自己家的大車數量。百姓們
很快猜到了這是怎麼一回事……

不早不晚，偏偏
在這種時候……

是想徵用我們的
大車當戰車吧！

現在登記，一開戰，
車就會被沒收！

徵用百姓的大車當成戰車？這可不是個好主意。百姓紛紛
抗議，很多大臣都請皇帝收回命令，但皇帝無論如何也不肯。
我也很想勸幾句，但像其他人一樣恐怕不會有用，於是……

見皇帝被我哄得很高興，我就接着説……

皇帝聽了我的話，想來想去，最後下令停止登記大車，百姓們也就不用再擔心了。

大宋和遼國的關係越來越緊張，皇帝知道我是個技術派，就讓我負責兵器鑄造和儲備。我改變生產技術，讓兵器產量提高了十幾倍。我還建議大量生產神臂弓（一種腳踏張弦的弩），讓這種巨型弩的射程達到了 240 步（約 372 米）。另外，我還改變陣法，設計軍營，為戰爭做了充份的準備。

因為兩國爭端的起因是邊界問題，所以皇帝需要一位地理專家當外交官，去跟遼國人談判——沒錯，我就是最佳人選。

我事先查清了兩國邊境一帶的地理情況，對於遼國官員的各種問題都對答如流，有理有據。在我的堅持下，遼國終於有所退讓，兩國關係暫時得到了緩解，而我也因此當上了翰林學士。

險被當成奸細

接下來這件事佔用了我十二年時間，那就是繪製全國地圖。為了完成它，我走遍了全國各地，認真觀察地勢和地貌，並用腳步測量。在宋遼邊境考察的時候，遼國的守軍差點兒把我當成奸細……

1088年，地圖終於繪製好了，我給它取名叫《天下州縣圖》，這可算是當時最精確、最全面的全國地圖了。

在這十二年裏，我當然還做了很多別的事，比如路過華北的時候，我弄清了華北平原是怎麼形成的。路過雁蕩山，我考察了水流的侵蝕作用。我還研究了從地底下挖出來的化石，並根據它們推斷出古代的自然環境——當然，大多數人都不相信我的説法，認為化石只不過是有紋路的石頭而已。

這是貝殼化石，看來這裏以前是大海！

不對！我爺爺活了 80 歲，這裏一直都是大山。

　　我跟這位村民吵了起來，我跟他說，我說的以前是很久很久以前，可他告訴我，從他爺爺的爺爺的爺爺那一代起，這裏就一直是大山。好吧，我的故事就先講到這兒，我得去跟他好好溝通一下。

　　退休以後，沈括買下一座大宅子，取名叫夢溪園，舒舒服服地住在裏面，並且開始寫一本書，書名就叫《夢溪筆談》。他把自己一生的發明、發現和見聞都記在了裏面——你能想像吧，這本書的內容豐富極了，包括天文、曆法、數學、物理、化學、生物、地理、醫學、文學、史學、考古、水利、兵工、冶金、建築、音樂、藝術等各個方面——是的，幾乎所有。它反映了中國古代自然科學的輝煌成就，就算在世界文化史上，地位也非常重要。

就連畢昇和他的活字印刷術也是由我記錄下來的！

知識鏈接

沈括退休後撰寫的《夢溪筆談》，記錄了多個學科的內容……

物理學

《夢溪筆談》記錄了陽燧（凹面鏡）的聚光原理，研究透光銅鏡；製作指南針，並肯定了磁偏角的存在。

指南針

天文學

書裏記錄了沈括對各種天文儀器研製方面的創見以及他對於實行新曆法的建議，另外他還詳細記錄了隕石的特徵和隕落過程。

聲學

書裏面設計了一個聲學共振實驗。這個實驗要比西方同類實驗早幾個世紀。

數學

沈括建立了隙積術和會圓術——這兩樣都是了不起的數學成就，為數學發展開闢了新方向。

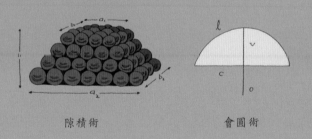

隙積術　　　　　　　　　會圓術

生物醫學

書裏記載了許多生物醫學方面的知識，大部份觀察準確，記錄翔實，用處很大。

光學

書裏記載了有關光的直線傳播問題，還用這個原理說明了月相的變化規律和日食、月食的成因。另外，書裏還有對鏡面凹凸與成像大小關係的論述。

地質地理

　　書裏記述了沈括對浙江雁蕩山、陝北黃土高原地質的考察，提出了流水侵蝕作用説，還通過對化石的討論論證了古今氣候變化，最早提出了「石油」這一概念。

宋錢塘沈　括撰

溪筆談

鍛磁
方州

圖印活畢布
刷板昇衣

127

蘇軾

瀟灑豪放的大文學家

就像我們喜歡故事書一樣，古代人也有喜歡的文學體裁，比如唐朝人喜歡詩，宋朝人喜歡詞。唐詩和宋詞都是中國了不起的文學遺產，即使已經過去了一千多年，其中好多作品依然很受歡迎。唐朝是詩特別流行的時期，會寫詩的人有很多，下面就是其中最有名的兩位……

外號「詩仙」的李白喜歡描寫壯美河山和瀟灑人生，是浪漫主義的代表詩人。

外號「詩聖」的杜甫憂國憂民、品格高尚，是現實主義的代表詩人。

人生得意須盡歡……喝好酒能寫出好詩呢！

安得廣廈千萬間……大家好才是真的好！

到了宋代，詞超過詩成了最流行的文體。同樣，宋代也有許多了不起的大詞人。

有的詞人喜歡風花雪月，寫出的詞淒婉纏綿，人稱婉約派。

有的詞人性格豪放，寫出的詞很有氣勢，人稱豪放派。

而有一位生活在北宋的大詞人，婉約詞和豪放詞都寫得很棒——事實上，豪放派正是他開創的，他就是鼎鼎大名的蘇軾（1037—1101）。

必須承認，蘇軾是個文化達人，詩、詞、散文、書法、繪畫他通通擅長，寫詞尤其棒。在他之前，詞人們寫的詞大多表現離別的傷感和愁苦的心情，讓人看了挺心酸。而蘇軾開創了豪放詞派，暢快地抒發自己的理想和感慨，還歌頌雄壯優美的風光。這樣一來，詞的內容豐富了，風格也變得慷慨激昂。

以前——執手相看淚眼⋯⋯　　　　後來——大江東去浪淘盡⋯⋯

　　不過，如果不提他的作品，單説他本人的話，他的幾個老熟人這麼評價他⋯⋯

我是他的朋友，他經常找我騙吃騙喝，還動不動就奚落我！

佛印

我是他的老師，第一次看到他的文章，我簡直震驚了！

歐陽修

我是他的上司，那傢伙一直跟我作對！哼！

王安石

　　甚麼意思？蘇軾不講義氣，藐視上司？歐陽修的震驚，難道是因為蘇軾寫得太糟了？別着急，下面就是蘇軾的故事，看完以後，這些疑問馬上就能解開。

　　另外，關於這位大文學家，你會在故事裏看到：

　　·他是個天才，二十多歲就因為才華出眾而天下聞名——連皇帝都誇他。

· 模樣似乎不是特別帥。

· 他有好幾位同樣有才華的家人。

· 他曾自己種田養家。

· 他和王安石的愛恨情仇。

· 他曾經在兩年裏升職成二品大員，又在之後的五年裏連降十幾級，變成一個從八品的官，有一次還差點兒掉了腦袋！

· 蘇軾是北宋時人，字子瞻，號東坡居士，所以大家也叫他蘇東坡。

蘇軾開講啦

蘇家閃亮的文學組合

我出生在四川眉山的一個大家族，我的老爸蘇洵是個文學家，散文寫得棒極了。不過，聽說他小時候並不用功，喜歡到處遊玩，直到二十多歲才開始認真讀書，還在科舉考試中落榜了。大概是因為這樣吧，老爸對我和弟弟蘇轍要求非常嚴格。

這個字又讀錯了！罰你讀100遍！

遵命，父親。

寫錯一個字，罰寫1000遍！

遵命，父親。

不是讓你讀完這部書嗎，你竟敢讀到一半就偷偷溜出去玩！

在老爸的督促下，我讀了很多書，背熟了很多文章，還學到了很多做人的道理。他曾經講過為甚麼給我取名叫蘇軾。原來，軾是馬車上的一根橫木，乍看好像沒甚麼用處，但如果車子顛簸得厲害，坐車的人就得抓緊它才行。

我希望你像車上的軾一樣，被冷落時不氣餒，被重用時不驕傲，只要把才華用在有需要的地方就行啦。

蘇洵

　　20 歲那年，老爸帶着我和弟弟來到都城汴梁（就是你們那個時代的河南開封），參加科舉考試。當時的主考官是大名鼎鼎的文學家歐陽修，據說他看到我的考卷時……

科考閱卷室

人才啊！這篇文章寫得真是太棒了！

　　有歐陽修的大力稱讚，我很快就在都城出了名。老爸和弟弟也因為寫出了出色的散文而受到肯定。我們蘇家三個人的消息廣受人們的關注，成了都城最熱門的話題。

我們號稱「三蘇」——名字不太時髦，不過名氣大得很！

132

歐陽修把我推薦給朝廷，皇帝很快給我任命了官職。眼看大好前途就要展開，可是……唉，王安石變法開始了。

請別把我關進監獄

　　在我生活的年代，大宋表面上一片繁榮，其實問題有一大堆──國內土地兼併嚴重，名目繁多的苛捐雜稅讓百姓們怨聲載道。邊境頻頻告急，總有不安分的鄰國挑起戰亂。

　　為了改變這種狀況，皇帝任命王安石當宰相，在全國實行一系列的新政策。新政策倒是在一定程度上充實了政府國庫，提高了國防力量，不過其中也有很多不合理的地方，所以遭到了保守派大臣的反對──其中就包括我的老師歐陽修。皇帝支持新政，把跟王安石政見不合的大臣全都趕出了都城。

　　我一向是個有話直說的人，就寫了一份奏摺給皇帝，誠懇地談論了新政策的不合理之處。王安石知道了這件事，在皇帝面前大講我的過失。我可不想被牽扯到複雜的政局裏，於是主動請求調離都城，去當地方官。

　　在接下來的幾年裏，我在好幾個地方工作過，後來被任命為湖州知州。上任以後，我按慣例給皇帝寫了一封感謝信。支持王安石的大臣們硬說這篇文章諷刺皇帝。他們還從文章中挑出認為暗含譏諷的句子，皇帝信以為真，命人把我抓進了監獄。

我在監獄裏被關了 103 天，差點兒就被砍掉腦袋。幸好有很多大臣為我求情，最後皇帝才沒有殺我，而是把我貶到黃州（就是湖北黃岡）當小芝麻官，不僅沒實權，而且沒薪水。

　　那陣子，我的生活艱難極了。我們全家住在一個又破又舊的小房子裏……

　　因為沒錢買糧食，我向官府申請了一塊荒地，帶着家人自己種。這塊地在城東的一個山坡上，於是我叫它東坡——我另一個名字蘇東坡就是這麼來的。

和死對頭的和解

　　1085 年，老皇帝死了，新皇帝不喜歡王安石的新政策，於是罷了他的官，讓他回家去種田。聽説王安石已經退居到了江寧，我決定去看望他。朋友們都很不理解……

你總是被他欺負，受他排擠，幹嗎還特意去看他？

　　我趕了幾天路來到江寧，王安石騎着一頭小毛驢來接我。請原諒即將出現的煽情場面，但當時確實是這樣……

　　沒錯，我們之前是有很多恩怨，但那些都是因為政見不同跟個人無關。王安石也是個大文學家，我很欣賞他的文章。我被關在監獄裏時，他也曾建議皇帝別砍我的腦袋。現在，我們

已經不是政敵了，說不定能重新開始做好朋友。

　　我在江寧住了一個月，對他的了解越來越多。以前我總覺得他固執己見、兇巴巴、小心眼兒……

　　現在我覺得他也有可愛的一面，比如平靜豁達、心胸坦蕩，而且文章寫得確實棒極了。我們真的變成了朋友……

審理逃稅案

　　新皇帝讓我留在朝廷做官，為了表示他支持的是保守派，特意把我的官職升成了翰林學士。雖然我一直反對新政策，但對他一上台就把新政策全部廢除這件事並不贊同，而且，保守派重新執政以後，做得並不比以前的改革派出色。

保守派大臣們很快看出我的立場，於是變着法排擠我——你瞧，我先得罪了改革派，又得罪了保守派，真是倒霉透了。既然大家都不喜歡我，皇帝也就對我不再重用了，把我調去杭州當知州。我可以拍着胸脯保證，我是個正直清廉的好官，而且頭腦很靈活。記得有一次，我遇到了一樁逃稅案。

是我寄給弟弟的？我沒給弟弟寄過包裹啊，而且現在我也不是翰林學士了。原來，這個老頭是個讀書人，參加了好多次科舉考試都沒考中。今年，他又要去都城考試，可是拿不出那麼多路費，就從家裏帶了幾匹布，打算一邊趕路一邊賣，掙點盤纏路上用。按照規定，做生意必須得交稅，於是他就説這些布是幫我帶給弟弟的，一路上還真的躲過了稅收。到了杭州，稅務官見他包裹上的官職寫錯了，這才把他抓了起來。

老頭兒高高興興地背着布匹上路了。過了幾個月,他回杭州來看我。

煎魚和烤羊腿

我在黃州的日子過得很開心,交到了一大堆好朋友,其中跟我最要好的是佛印和尚。他雖然是出家人,但不避酒肉。

有一天,我去廬山找佛印聊天,恰好這傢伙煎了魚下酒,見有人來,他連忙把魚藏在了念經時敲的磬底下。我在門外看見了,裝作甚麼也不知道的樣子走了進去。

除了擅長寫詩詞,我的字畫也很有名,很多人都想要一幅珍藏。有個名叫姚麟的武官,一連找了我好幾次,全都被我拒

絕了。拜託，我可不會隨便寫字畫畫送給別人。

於是，這位姚大人拜託文官韓宗儒幫他想辦法……

韓宗儒隔三差五就給我寫信，跟我聊文學。我見他態度認真，一連回了好幾封。誰知，他把我的回信都送給了那位姚大人，撈到了不少烤羊腿。

後來，我從朋友那裏知道了這件事，就不肯再給韓宗儒寫回信了。

韓宗儒等得心急，就派了個家丁來問消息。

哼，有回信的時間，我還不如自己做頓好飯呢——你可能還不知道，我可是個美食家，東坡肉和東坡魚是我最拿手的！

看完蘇軾的故事，你會發現他的人生態度非常樂觀——就算差點兒掉腦袋他也不會沮喪，就算住在小破屋裏他也有辦法過得很快活。也許，這就是他能把詞寫得瀟灑豪放的原因吧。

知識鏈接

　　唐宋八大家，又稱唐宋古文八大家，是唐、宋兩代著名散文家的合稱。他們提倡散文，反對駢文，對當時和後世的文化發展影響深遠。

韓愈（768—824）

　　唐代古文運動的倡導者，「唐宋八大家」之首。後人將韓愈、柳宗元、歐陽修和蘇軾合稱「千古文章四大家」。

柳宗元（773—819）

　　柳宗元與韓愈並稱為「韓柳」。柳宗元一生留詩文作品六百多篇，其中以詩的成就最大。他的散文論説性強，筆鋒犀利，諷刺辛辣。

歐陽修（1007—1072）

　　字永叔，號醉翁、六一居士，北宋政治家、文學家。他領導了北宋詩文革新運動，為北宋古文的發展確立了方向，他創造了一種平易自然的新文風，留下了《醉翁亭記》等不朽名篇。他還曾主持修撰《新唐書》。

曾鞏（1019—1083）

　　天資聰慧，記憶力超群，從小熟讀詩書，能夠脱口成誦，12 歲就會寫文章。他寫的文章「古雅、平正、沖和」，世稱「南豐先生」。

蘇轍（1039—1112）

　　深受其父兄的影響，以散文著稱，擅長寫政論和史論。他擅長書法，他的書法作品瀟灑自如，工整有序，著有《詩傳》《春秋傳》《欒城集》等。

蘇洵（1009—1066）

　　擅長寫散文和政論，他的政論文特點是議論明暢，筆勢雄健。蘇洵還是譜學（研究記述氏族氏系的學問）專家，創造了現代修譜方法之一的蘇氏譜例。

蘇軾（1037—1101）

　　蘇軾在文、詩、詞三個方面都有極高的造詣，也擅長書法和繪畫，對醫藥、水利也有所研究。

王安石（1021—1086）

　　王安石晚年的詩風含蓄深沉、深婉不迫，其風格自成一家，世稱「王荊公體」。王安石還潛心研究經學，被譽為「通儒」。

畢昇

活字印刷術的發明者

我們知道很多了不起的發明家，他們……

有人把發明當成興趣，比如發明大王愛迪生——他有一千多項發明。

有人把自己的發明想方設法賣出去，比如電話的發明者貝爾。

有人發明新東西，是為了追求真理，比如伽利略發明天文望遠鏡。

發明？那不是像吃三文治一樣簡單嗎？

最重要的是想辦法賣個好價錢！

我想把宇宙看得更清楚！你們別吵！

而本篇的主角——他雖然一點兒也沒預料到自己會作為發明家被大家記住——跟前面這幾位都不一樣，他搞發明只是為了讓自己的工作更簡便。

生活在北宋時期的畢昇（約 970—1051）是中國四大發明之一——活字印刷術的發明者。你聽説過中國的四大發明吧——

造紙術、活字印刷術、指南針和火藥。我們已經認識了改進了造紙術的蔡倫，他曾經當過大官，薪水豐厚，這為他提供了很多便利。跟蔡倫不同的是，畢昇一直是個平民。不過，他也有自己的優勢——他始終從事印刷工作，是個地地道道的內行人。

在畢昇發明活字印刷術之前，印刷界最主流的技術是雕版印刷術。用這種方法印書，每印一種書都得先雕一次版，把書的所有內容都雕刻到木板上去。這當然很麻煩，並且……

嚴重浪費

刻壞了不好改

不好存放

不好運輸

活字印刷術解決了上面的所有問題。只要做好一副活字，就能排印任何書籍，又靈活又好用。從此以後，印刷變得方便多了。書多了起來，價格也越來越便宜，百姓們都買得起書，人們從書裏學到了很多知識。

太好了，這下我買得起書了。

科學種田，可以試試看……

白浪村少年讀書沙龍

瞧，活字印刷術對中國文化的繼承和傳播做出了重要的貢獻。不僅如此，它還漸漸地傳到了世界各地，全世界的人都稱讚畢昇了不起。

下面就是這位平民發明家的故事，你會在故事裏看到：

‧他曾經是一所學校的「旁聽生」。

‧他從玩遊戲中得到了發明活字印刷術的靈感。

‧活字印刷術大揭密。

‧他並沒有因為活字印刷術發財或出名！

畢昇開講啦

窗外的「旁聽生」和印刷作坊的新學徒

小時候，我家裏很窮，爸媽拿不出多餘的錢讓我上學，而且我還得幫忙幹很多工作才行——比如放羊。每天早上，我出門放羊的時候，看到差不多年紀的男孩們三三兩兩地往學校那

邊走去，心裏又羨慕又着急。

我實在太想上學了，就想出一個好辦法……

　　為了把知識記得更牢，我把老師講的內容寫了一遍又一遍。當然啦，家裏沒錢給我買紙筆，不過這可難不倒我。

　　時間就這樣一天天過去，我每天都跑去當旁聽生，不僅學到了很多知識，還把字練得棒棒的。

15歲那年，老爸見我用心好學，就把我送到一家印刷作坊裏當學徒。這裏的師傅見我字寫得不錯，就讓我負責雕版，也就是在木板上雕刻出書的內容。剛開始我很高興，因為我的同伴們不是種地就是放羊，相比來說我的工作算很不錯的了。不過時間久了，我發現這份工作並不輕鬆。

有多少頁就得刻多少版，真的很累。　　每個版上刻壞一個字就前功盡棄。　　總要應付環保人士的抗議。

刻好一部書要很久，到 100 歲也刻不了幾本書！

認真點兒！我們作坊可是承諾過無錯字印刷啊！

抗議非法砍樹！堅決抵制雕版印刷！

從玩遊戲中得到的靈感

你也看到了，我的工作既要花費大量時間，又很費力氣。

所以，我一直想找到一種提高效率的新方法。

師傅說的沒錯，左右開弓顯然不現實。不過，我並沒有放棄，而是始終把這個問題記在心裏。

轉眼間，很多年過去了，我娶了一位太太，還有了兩個活潑可愛的孩子。有一天，我下班回家，看到孩子們正在玩過家家。他們用泥巴捏出了桌椅板凳、小人兒和小動物，放在一起擺來擺去。

我津津有味地看了一會兒，突然眼前一亮──如果像玩遊

戲一樣，把每個字都刻成一個印章，那不就可以隨便排列組合，拼出一整版來嗎？這樣就不用再雕版了！

想到這個主意以後，我立刻興致勃勃地動起手來。

第一步當然是雕刻單字，但在那之前首先得找到一種合適的材料才行。一開始，我想到的是木頭，本來嘛，雕版也是在木頭上進行的，用木頭理所當然。不過木頭有紋理，很容易刻壞，而且沾到水就變形。更重要的是……

看來用木頭不行！

接下來，我又嘗試了很多種材料，但不是原料太貴成本太高，就是做出來的效果不好。就這樣過了好幾個月，最後我終於找到了一種合適的材料——膠泥。

膠泥是一種黏性很強的泥土，可以捏成任何形狀，用火一燒就會變得堅硬耐用，而且不容易變形。

用膠泥做活字，不但便宜，而且在上面刻字很省力！

我試著做出很多活字小泥塊，對效果滿意極了。不過，我的客人可不這麼想……

呸呸，不是點心！牙都咬壞了！

活字印刷術大揭秘

找好材料以後，接下來就是整套技術要怎麼完成了。

畢昇小課堂：活字印刷術大揭秘

首先，用膠泥做成一個個大小相同的泥塊，在每個上面刻一個字，然後把泥塊放到火裏烤硬，成為單個的膠泥活字。

準備一塊帶框的鐵板，在它的底部鋪上用松香和蠟做成的黏合劑，然後根據要印刷的內容找出相應的膠泥活字，一個個排到鐵板上。

注意：有字的面朝上。

注意：

1. 在泥塊上刻字時要反着刻，這樣印出來的字才是正的。

2. 要把做好的膠泥活字按照一定的順序放好，不然用的時候會很難找。

3. 常用字要多準備幾個，以備這個字在同一版中重複出現的時候使用。

4. 遇到不常用的生僻字，如果事前沒準備，可以隨時做個新的補充。

給鐵板底部加熱，讓黏合劑熔化。這時，用平板壓平字面，等到黏合劑完全冷卻後，活字就會固定在鐵板上，這樣一塊版就做好了。現在，只要在上面刷上墨，覆上紙，就能開始印刷了！

印好以後，再次加熱鐵板，讓黏合劑熔化，取下活字，然後按順序放回去，下次還可以接着用。

注意：兩塊鐵板交替使用，一塊排字，一塊印刷，效率更高！

如果只印幾本書，活字印刷並不佔優勢。不過如果要印成百上千本的話，它的工作效率可比傳統的雕版印刷高多了。

活字印刷術：
速度快，印刷質量好。不用那麼多人雕版，也不用砍那麼多樹，既方便又環保。

雕版印刷術：
速度慢，越印越模糊。用人多，成本高，浪費綠色資源。

活字印刷術似乎很不錯啊！

我對自己的活字印刷術信心十足

就這樣，我發明了活字印刷術。一天，我試着用這種新方法印書，印刷作坊裏的老師傅和新學徒都被吸引了過來。

這看上去挺怪，不過用起來似乎還挺不錯！

雖然製作活字是個大工程，但做好以後排印書籍真的很方便。

天哪，畢昇師傅真的太棒了，簡直是我的偶像！

不過，除了同行，並沒有人認為我的發明有多了不起。大部份印刷商都覺得省事沒有甚麼用，多找些工人來幹活是一樣

的——反正他們有的是錢。好在，有個別印刷商願意相信我，決定當我的贊助人。

然而，活字印刷術並沒得到官方支持，相反還被認為是一項別有用心的發明。原本願意贊助我的印刷商連忙跟我劃清界限，畢竟保住小命比甚麼新嘗試都要緊。

所以，我的發明並沒有很快流行起來，還被很多人抱怨。

官員　　　　　　印刷商　　　　　　雕版工人

雖然現實挺殘酷，但我並不為此而擔心。因為我知道，如果一項新發明真的更方便、更實用的話，哪怕一時不被大家理解和接受，早晚也會得到普及，並且能一直傳承下去。

我絕對有這個信心！

的確，畢昇並沒有因為發明了活字印刷術而變成大名鼎鼎的發明家，也沒有成為富翁。他一直都是個平平常常的百姓。關於他和他偉大的發明，多虧沈括（你認識他對吧）記錄在了《夢溪筆談》裏，這才保存下來。有人可能會覺得這根本算不上成功，不過每個人對成功的定義不同。相信畢昇一定會很高興看到下面這樣的場面⋯⋯

知識鏈接

印好的書頁

活字

活字模

活字模是陽文反字字模。

印章

　　印章上文字或圖
像有凹凸兩種形體，
凸起的稱「陽文」，
凹陷的稱「陰文」。

陰文

陽文

韻輪和雜字輪

後來有人用木頭做成兩個直徑約為七尺（1尺≈33厘米）的大輪盤，一個叫韻輪，一個叫雜字輪，輪盤裏有一個個格子。把不常用的和常用的字分別擺放在兩個輪子裏，排版時一個人念稿，一個人坐在兩個輪盤中間揀字，非常方便。

蠟

成吉思汗

大蒙古國的建立者

　　蒙古高原位於亞洲大陸北部，包括現在的蒙古國全境、中國北部和俄羅斯南部的一大片土地。古時候，這裏是遊牧民族和部落的聚居地，從商周時期開始，就有鬼方、匈奴、鮮卑、突厥、回紇等民族先後在這裏生活。它們跟鄰居有時還算友好，有時頻繁開戰——還記得漢武帝吧，他就派大將把南下騷擾的匈奴人打跑了。

　　公元 10 世紀到 12 世紀是中國歷史上的北宋時期，不過那時中國存在的政權可不只北宋一個。在它北邊、西邊和西南，有遼、金、西夏、吐蕃、大理等好幾個由少數民族建立的國家，而在蒙古高原上還住着一大群蒙古人。蒙古人從好幾百年以前

我們蒙古人個個都是弓馬嫻熟的騎手和兇猛剽悍的勇士！

就在這裏生活，不過各個部落之間忙着爭奪牧場、牲畜和奴隸，所以一直沒有建立起一個統一的政權。

就在這個時候，一位大英雄登場了，他就是來自蒙古的孛兒只斤‧鐵木真（1162—1227）。甚麼？名字有點兒難唸？好吧，其實他還有另一個響噹噹的稱號——成吉思汗。

成吉思汗帶領他強大的軍隊四處征戰，先統一了蒙古的各個部落，成了蒙古高原上的霸主。1206年，他建立了大蒙古國，自己當上了可汗，成吉思汗的稱號就是那時取的，意思是「擁有海洋四方」。

他接下來所做的一切跟這個稱號匹配極了——在短短幾十年裏，他和他的子孫不斷向外擴張，先後滅掉了四十多個國家，征服了七百多個民族，把大蒙古國變成了一個橫跨歐亞大陸的超級帝國。

你一定不敢相信，大蒙古國的國土佔了當時世界面積的五分之一還要多！

作為一位高瞻遠矚的政治家和能征善戰的軍事家，成吉思汗得到的評價很矛盾：有人認為他殺人如麻，破壞經濟，摧毀文化，是個冷酷的暴君，他野蠻的入侵給百姓帶來了巨大災難；也有人認為他的征服讓全世界各地更密切地聯繫在一起，加速了東西方的交流，這推動了歷史的進步。

我不明白為甚麼你們都在誇讚互聯網——要知道，最先使全球信息進行交流的可是我啊！

下面就是這位了不起的大征服者的故事，你會看到：

· 他曾經跟自己最好的朋友反目成仇。

· 他對待人才的態度非常開放。

· 蒙古騎兵裝備大公開——噓，這可是軍事機密。

· 他四面八方的宏大遠征。

成吉思汗開講啦

最後注定只能有一個人稱王

我出生在蒙古的乞顏部落，是蒙古最古老的部落之一。我的老爸也速該是部落裏的一名首領，而老媽訶額侖是他在一次打獵時從別的部落搶來的——別太吃驚，這在蒙古高原上並不是甚麼新鮮事，男人嘛，當然是越勇猛越有魅力。

我出生的時候，老爸剛好在跟塔塔兒部落的戰爭中抓了他們的首領鐵木真兀格，於是他就給我取名叫鐵木真。還很小很小的時候，我就被老爸拎上了馬背，跟他學習騎馬、射箭以及指揮作戰。

在我 9 歲那年，老爸被塔塔兒部落的仇人殺死了，我很難過，幸好朋友札木合一直陪在我的身邊安慰我。我和札木合從小一起長大，還結成了安達（用你們的說法就是把兄弟），發誓要永遠親如手足。

時間一年一年過去，我漸漸長成了一個小伙子。我的體格就像公牛一樣健壯，動作就像獵豹一樣迅猛，偶爾我還讀讀兵書——不過說真的，大部份字我都不認得。

我和札木合聯手打敗了蔑兒乞部落和塔塔兒部落，我被推舉為乞顏的部落首領，而札木合則成了他所在的札達蘭部落的老大。在我的統治下，乞顏部落迅速壯大，這讓札達蘭人非常恐慌……

我們的老大不是跟鐵木真是安達嗎？

管他呢，打！打！

現在，蒙古的所有部落裏，就數乞顏和札達蘭最強大，而最後注定只能有一個人稱王。我雄心勃勃，札木合則志向遠大，於是我們無奈地變成了敵人。

札木合先沉不住氣，聯合周圍十幾個小部落一起向我發動了進攻。因為準備不充份，我輸掉了第一仗。不過，札木合竟然把抓去的俘虜活活煮熟了——沒錯，用了 70 口大鍋。雖然打起仗來總是要殺人的，但他這麼做還是太殘暴了。

果然，他的盟友紛紛表示不滿，其中還有一部份掉轉立場支持我。我的實力增強了好幾倍，幾年以後，我不僅把札木合徹底打敗了，還滅掉了不肯臣服的克烈、乃蠻等部落。

經過一番征戰，我在蒙古高原已經基本沒有對手了。

大蒙古國可汗的出色政績

1206 年春天，蒙古貴族們聚集在斡難河源頭召開大會（選這個地方是因為這裏是我們蒙古的發祥地），宣佈建立大蒙古國。我被推舉為可汗，相當於皇帝，號稱成吉思汗。

現在，我得想辦法讓大蒙古國變得更好——你知道，作為統治者，只顧打仗可不行。不過說真的，我在治國方面的才能比指揮打仗遜色得多，所以我必須找幾位能幹的大臣幫忙。手下建議我從乞顏部落挑幾個信得過的人當親信，但我堅持不分國別、民族和出身，只要有優點，就都有機會。

治理國家要想很多東西，以我粗獷的性格真不適合！

記得在滅乃蠻時，我一刀殺死了他們的首領，還抓到了負責保管金印的小官塔塔統阿。

就這樣，塔塔統阿被我留了下來。他不但忠誠，還非常有才華，幫我制定出了嚴格的律令，還創造了蒙古文字，並編製出一部了不起的法典。

另外，我特別歡迎手藝好的工匠來為我服務……

告 示

凡是到大蒙古國來的工匠，每人配備寬敞景觀大宅一座，豪華四輪馬車一輛，年薪優厚，福利多多，有發明項目者另有獎賞！

成吉思汗

漸漸地，我的身邊聚集起一大批人才。他們各有所長，有的能製造先進的武器和車輛，有的精於製造各種手工製品，還有的擅長架設橋樑。大蒙古國變得越來越強大，我想，差不多是時候開始對外擴張了。

蒙古騎兵裝備大公開

不是吹牛，要說軍事才能，我誰也不服。我的騎兵部隊訓練得紀律嚴明、智勇兼備，還根據我們遊牧民族行軍迅速、驍勇善戰的特點，創造出閃電戰、包圍戰等許多戰略戰術。偵察、警戒、佈陣、衝鋒、追擊、圍殲……我的士兵都擅長。

而且，我們每次行軍打仗都是輕裝上陣，即便是要橫跨沙漠，也只攜帶一點兒水。我要求士兵們能夠隨時狩獵，自我補給。另外，我們不能動作緩慢地運送攻城武器和重型裝備，那太愚蠢了。我們可以利用當時當地能找到的材料製造所需要的東西，比如攻城的梯子和武器。

當然啦，一流的軍隊要有一流的裝備。

蒙古騎兵裝備大公開

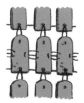

盔甲：
非常堅固，
箭射不穿。

頭盔：上半部份
用鐵製成，下面
保護咽喉的部份
用皮革製作。

箭袋：確
保裏面裝
滿了箭。

弓：每個人都會
帶兩三張弓，這
可是蒙古人最擅
長的武器。

斧子：近距離作
戰時的利器。

繩子：戰
場必備。

戰馬：同樣
身披鎧甲。

一得意，全說了！你們可不能把
這些資料提供給我的敵國啊！

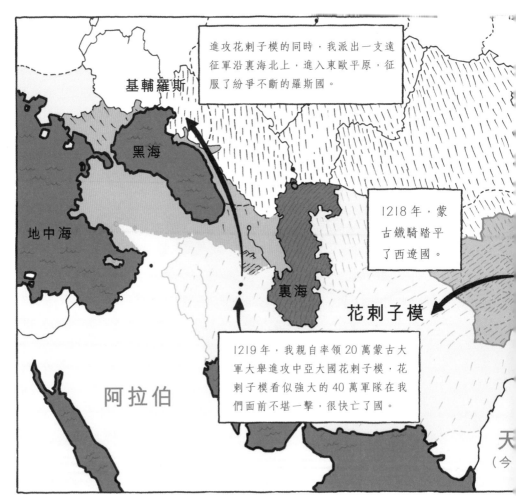

進攻花剌子模的同時，我派出一支遠征軍沿裏海北上，進入東歐平原，征服了紛爭不斷的羅斯國。

基輔羅斯

黑海

地中海

裏海

1218 年，蒙古鐵騎踏平了西遼國。

花剌子模

阿拉伯

1219 年，我親自率領 20 萬蒙古大軍大舉進攻中亞大國花剌子模，花剌子模看似強大的 40 萬軍隊在我們面前不堪一擊，很快亡了國。

天
(今

我還組建了一支超級炮兵部隊，配備了從金和西夏繳獲的大石炮——那可是當時最先進的裝備。我的工匠還發明了會噴火、會爆炸的武器，這簡直可以算是迫擊炮和加農炮的鼻祖。依靠這支超級部隊和新型武器，我攻佔了無數堅固的城池。

向四面八方的偉大征服

　　現在，來看看我偉大的征服吧！

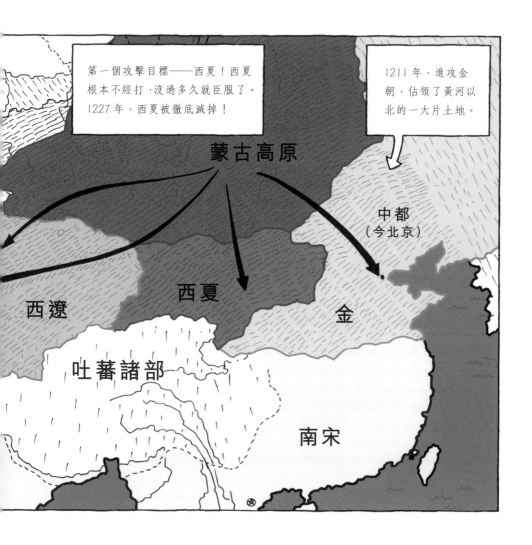

第一個攻擊目標——西夏！西夏根本不經打，沒過多久就臣服了。1227 年，西夏被徹底滅掉！

1211 年，進攻金朝，佔領了黃河以北的一大片土地。

蒙古高原

中都（今北京）

西遼

西夏

金

吐蕃諸部

南宋

大人物的神秘死亡事件

　　大人物也會慢慢變老，我也一樣。

　　事實上，我曾經向一位鼎鼎大名的道士請教長生不老術，他的名字好像叫丘處機。

只要減少殺戮，心平氣和，就會長壽的。

能長生不老？

那……恐怕不行。

看來還是打仗和征服更有意思！

　　所以，最後我還是死了。關於我的死因，你應該從任何地方都得不到確切記載，很多說法都是小道消息……

雷擊說

羅馬教廷使節加賓尼在向羅馬教皇提交的題為《被我們稱為韃靼的蒙古人的歷史》的報告中透露，當時大蒙古國夏天時雷電傷人事故頻發，我不幸被上天選中了……

王妃刺殺說

　　13世紀的蒙古居民傳說，在進攻西夏的過程中，士兵們把俘獲的西夏王妃（她可是一個大美人）進獻給我。當天晚上，這位有個性的王妃趁我熟睡時把我殺掉了。

可信度：★

可信度：★★★★

毒箭說

13世紀的意大利商人——馬可‧波羅在遊記中記述，進攻西夏時，我帶兵圍攻要塞城市太津，結果在戰場上被毒箭射中了膝蓋，中毒身亡。

墜馬說

根據蒙古族現存最早的歷史典籍《蒙古秘史》記載，征討西夏時，我的坐騎紅沙馬突然受驚，我墜馬受傷，當夜就發起了高燒，不久後就死了。

可信度：★★

可信度：★★★★★

至於我死去的真正原因，我並不想說出來——我想，大人物總要在某個方面保持一點神秘感，你說對吧？

成吉思汗去世後，大蒙古國的擴張並沒有隨之結束……

天下土地廣闊，河流眾多，你們可以盡情地去佔領！

成吉思汗的子孫繼續在不同的地區所向披靡，征服了遼闊的土地，建立起的蒙古帝國疆域東起日本海，西抵地中海，北含西伯利亞，南至波斯灣，橫跨歐亞大陸，國土面積達到 3,300 萬平方千米，被公認為世界歷史上版圖最大的帝國之一。尤其要提的是他的孫子忽必烈，沒錯，就是元朝的建立者，也許不久以後我們就有機會看到他的故事了。

叫我？

忽必烈

軍需供給

　　蒙古軍隊走到哪裏，就把牲畜趕到哪裏，一邊行軍一邊放牧，這樣就不需要帶沉重的糧草上路了。

知識鏈接

蒙古騎兵

蒙古騎兵穿着甲胄，它內層用牛皮製成，外層掛滿鐵甲片，甲片如魚鱗般層層疊加，不會被箭射穿。他們除了隨身攜帶弓箭、馬刀和戰斧，還會根據個人愛好裝備其他武器，比如套馬的繩套和網馬的網套，讓敵人防不勝防。

薩滿

成吉思汗在少年時代崇信薩滿教。薩滿教認為天地生靈都有溝通的可能，通過薩滿的各種儀式活動，可以達到問卜、醫療等目的。

馬奶酒

蒙古族人最喜歡的馬奶酒相傳是鐵木真的妻子發明的。他們把馬奶酒裝在皮囊酒袋中。

蒙古馬

蒙古馬雖然身材矮小，跑得不是特別快，但牠們能長時間不停地奔跑，每個蒙古騎兵都有一匹或多匹備用馬，在行軍途中和戰鬥時可隨時調換。

馬頭琴

蒙古族是能歌善舞的民族，他們走到哪裏都會帶着馬頭琴。

書　　名　漫畫名人故事 ② 從凱撒到成吉思汗

編　　著　紅馬童書　張　文

繪　　圖　莊建宇　李　楠　侯亞楠　陳宗岱　陳廣濤　陳　銘

責任編輯　郭坤輝

封面設計　楊曉林

出　　版　小天地出版社（天地圖書附屬公司）

　　　　　香港黃竹坑道46號

　　　　　新興工業大廈11樓（總寫字樓）

　　　　　電話：2528 3671 傳真：2865 2609

　　　　　香港灣仔莊士敦道30號地庫（門市部）

　　　　　電話：2865 0708　傳真：2861 1541

印　　刷　亨泰印刷有限公司

　　　　　柴灣利眾街德景工業大廈10字樓

　　　　　電話：2896 3687　傳真：2558 1902

發　　行　香港聯合書刊物流有限公司

　　　　　香港新界荃灣德士古道220-248號荃灣工業中心16樓

　　　　　電話：2150 2100　傳真：2407 3062

出版日期　2021年6月／初版．香港

© LITTLE COSMOS CO.2021

（版權所有．翻印必究）

ISBN：978-988-75229-5-9

本書經四川文智立心傳媒有限公司代理，由中國少年兒童新聞出版總社有限公司正式授權，同意經由天地圖書有限公司在香港澳門地區出版發行中文繁體字版本。非經書面同意，不得以任何形式任意重製、轉載。